心一堂術數古籍珍本叢刊

書名：撼龍經真義

系列：心一堂術數古籍珍本叢刊　堪輿類　第二輯　206

作者：吳師青註

主編、責任編輯：陳劍聰

心一堂術數古籍珍本叢刊編校小組：陳劍聰　素聞　梁松盛　鄒偉才　虛白盧主

出版：心一堂有限公司

通訊地址：香港九龍旺角彌敦道六一〇號荷李活商業中心十八樓〇五一〇六室

電話號碼：(852)67150840

網址：publish.sunyata.cc

電郵：sunyatabook@gmail.com

網店：http://book.sunyata.cc

淘寶店地址：https://shop210782774.taobao.com

微店地址：https://weidian.com/s/1212826297

臉書：https://www.facebook.com/sunyatabook

讀者論壇：http://bbs.sunyata.cc/

平裝

版次：二零一八年三月初版

國際書號：ISBN 978-988-8317-98-1

定價：港幣　　一百二十八元正
　　　新台幣　　四百九十八元正

版權所有　翻印必究

香港發行：香港聯合書刊物流有限公司

地址：香港新界大埔汀麗路36號中華商務印刷大廈3樓

電話號碼：(852)2150-2100

傳真號碼：(852)2407-3062

電郵：info@suplogistics.com.hk

台灣發行：秀威資訊科技股份有限公司

地址：台灣台北市內湖區瑞光路七十六巷六十五號一樓

電話號碼：+886-2-2796-3638

傳真號碼：+886-2-2796-1377

網絡書店：www.bodbooks.com.tw

台灣國家書店讀者服務中心：

地址：台灣台北市中山區松江路二〇九號一樓

電話號碼：+886-2-2518-0207

傳真號碼：+886-2-2518-0778

網絡書店：http://www.govbooks.com.tw

中國大陸發行　零售：深圳心一堂文化傳播有限公司

深圳地址：深圳市羅湖區立新路六號羅湖商業大廈負一層〇〇八室

電話號碼：(86)0755-82224934

心一堂微店二維碼

心一堂淘寶店二維碼

心一堂術數古籍 珍本 整理 叢刊 總序

術數定義

術數，大概可謂以「推算（推演）、預測人（個人、群體、國家等）、事、物、自然現象、時間、空間方位等規律及氣數，並或通過種種『方術』，從而達致趨吉避凶或某種特定目的」之知識體系和方法。

術數類別

我國術數的內容類別，歷代不盡相同，例如《漢書·藝文志》中載，漢代術數有六類：天文、曆譜、五行、蓍龜、雜占、形法。至清代《四庫全書》，術數類則有：數學、占候、相宅相墓、占卜、命書、相書、陰陽五行、雜技術等，其他如《後漢書·方術部》、《藝文類聚·方術部》、《太平御覽·方術部》等，對於術數的分類，皆有差異。古代多把天文、曆譜、及部分數學均歸入術數類，而民間流行亦視傳統醫學作為術數的一環；此外，有些術數與宗教中的方術亦往往難以分開。現代民間則常將各種術數歸納為五大類別：命、卜、相、醫、山，通稱「五術」。

本叢刊在《四庫全書》的分類基礎上，將術數分為九大類別：占筮、星命、相術、堪輿、選擇、三式、讖諱、理數（陰陽五行）、雜術（其他）。而未收天文、曆譜、算術、宗教方術、醫學。

術數思想與發展——從術到學，乃至合道

我國術數是由上古的占星、卜筮、形法等術發展下來的。其中卜筮之術，是歷經夏商周三代而通過「龜卜、蓍筮」得出卜（筮）辭的一種預測（吉凶成敗）術，之後歸納並結集成書，此即現傳之《易

經》。經過春秋戰國至秦漢之際，受到當時諸子百家的影響、儒家的推崇，遂有《易傳》等的出現，原本是卜筮術書的《易經》，被提升及解讀成有包涵「天地之道（理）」之學。因此，《易・繫辭傳》曰：「易與天地準，故能彌綸天地之道。」

漢代以後，易學中的陰陽學說，與五行、九宮、干支、氣運、災變、律曆、卦氣、讖緯、天人感應說等相結合，形成易學中象數系統。而其他原與《易經》本來沒有關係的術數，如占星、形法、選擇，亦漸漸以易理（象數學說）為依歸。《四庫全書・易類小序》云：「術數之興，多在秦漢以後。要其旨，不出乎陰陽五行，生尅制化。實皆《易》之支派，傅以雜說耳。」至此，術數可謂已由「術」發展成「學」。

及至宋代，術數理論與理學中的河圖洛書、太極圖、邵雍先天之學及皇極經世等學說給合，通過術數以演繹理學中「天地中有一太極，萬物中各有一太極」（《朱子語類》）的思想。術數理論不單已發展至十分成熟，而且也從其學理中衍生一些新的方法或理論，如《梅花易數》、《河洛理數》等。

在傳統上，術數功能往往不止於僅僅作為趨吉避凶的方術，及「能彌綸天地之道」的學問，亦有其「修心養性」的功能，「與道合一」（修道）的內涵。《素問・上古天真論》：「上古之人，其知道者，法於陰陽，和於術數。」數之意義，不單是外在的算數、歷數、氣數，而是與理學中同等的「道」、「理」--心性的功能，北宋理氣家邵雍對此多有發揮：「聖人之心，是亦數也」、「萬化萬事生乎心」、「心為太極」。《觀物外篇》：「先天之學，心法也。……蓋天地萬物之理，盡在其中矣，心一而不分，則能應萬物。」反過來說，宋代的術數理論，受到當時理學、佛道及宋易影響，認為心性本質上是等同天地之太極。天地萬物氣數規律，能通過內觀自心而有所感知，即是內心也已具備有術數的推演及預測、感知能力；相傳是邵雍所創之《梅花易數》，便是在這樣的背景下誕生。

《易・文言傳》已有「積善之家，必有餘慶；積不善之家，必有餘殃」之說，至漢代流行的災變說及讖緯說，我國數千年來都認為天災，異常天象（自然現象），皆與一國或一地的施政者失德有關；下至家族、個人之盛衰，也都與一族一人之德行修養有關。因此，我國術數中除了吉凶盛衰理數之外，人心的德行修養，也是趨吉避凶的一個關鍵因素。

術數與宗教、修道

在這種思想之下，我國術數不單只是附屬於巫術或宗教行為的方術，又往往是一種宗教的修煉手段--通過術數，以知陰陽，乃至合陰陽（道）。「其知道者，法於陰陽，和於術數。」例如，「奇門遁甲」術中，即分為「術奇門」與「法奇門」兩大類。「法奇門」中有大量道教中符籙、手印、存想、內煉的內容，是道教內丹外法的一種重要外法修煉體系。甚至在雷法一系的修煉上，亦大量應用了術數內容。此外，相術、堪輿術中也有修煉望氣（氣的形狀、顏色）的方法；堪輿家除了選擇陰陽宅之吉凶外，也有道教中選擇適合修道環境（法、財、侶、地中的地）的方法，以至通過堪輿術觀察天地山川陰陽之氣，亦成為領悟陰陽金丹大道的一途。

易學體系以外的術數與的少數民族的術數

我國術數中，也有不用或不全用易理作為其理論依據的，如揚雄的《太玄》、司馬光的《潛虛》。也有一些占卜法、雜術不屬於《易經》系統，不過對後世影響較少而已。

外來宗教及少數民族中也有不少雖受漢文化影響（如陰陽、五行、二十八宿等學說。）但仍自成系統的術數，如古代的西夏、突厥、吐魯番等占卜及星占術，藏族中有多種藏傳佛教占卜術、苯教占卜術、擇吉術、推命術、相術等；北方少數民族有薩滿教占卜術；不少少數民族如水族、白族、布朗族、佤族、彝族、苗族等，皆有占雞（卦）草卜、雞蛋卜等術，納西族的占星術、占卜術，彝族畢摩的推命術、占卜術……等等，都是屬於《易經》體系以外的術數。相對上，外國傳入的術數以及其理論，對我國術數影響更大。

曆法、推步術與外來術數的影響

我國的術數與曆法的關係非常緊密。早期的術數中，很多是利用星宿或星宿組合的位置（如某星在某州或某宮某度）付予某種吉凶意義，并據之以推演，例如歲星（木星）、月將（某月太陽所躔之宮次）等。不過，由於不同的古代曆法推步的誤差及歲差的問題，若干年後，其術數所用之星辰的位置，已與真實星辰的位置不一樣了；此如歲星（木星），早期的曆法及術數以十二年為一周期（以應地支），與木星真實周期十一點八六年，每幾十年便錯一宮。後來術家又設一「太歲」的假想星體來解決，是歲星運行的相反，週期亦剛好是十二年。而術數中的神煞，很多即是根據太歲的位置而定。又如六壬術中的「月將」，原是立春節氣後太陽躔娵訾之次而稱作「登明亥將」，至宋代，因歲差的關係，要到雨水節氣後太陽才躔娵訾之次，當時沈括提出了修正，但明清時六壬術中「月將」仍然沿用宋代沈括修正的起法沒有再修正。

由於以真實星象周期的推步術是非常繁複，而且古代星象推步術本身亦有不少誤差，大多數術數除依曆書保留了太陽（節氣）、太陰（月相）的簡單宮次計算外，漸漸形成根據干支、日月等的各自起例，以起出其他具有不同含義的眾多假想星象及神煞系統。唐宋以後，我國絕大部分術數都主要沿用這一系統，也出現了不少完全脫離真實星象的術數，如《子平術》、《紫微斗數》、《鐵版神數》等。後來就連一些利用真實星辰位置的術數，如《七政四餘術》及選擇法中的《天星選擇》，也已與假想星象及神煞混合而使用了。

隨着古代外國曆（推步）、術數的傳入，如唐代傳入的印度曆法及術數，元代傳入的回回曆等，其中我國占星術便吸收了印度占星術中羅睺星、計都星等而形成四餘星，又通過阿拉伯占星術而吸收了其中來自希臘、巴比倫占星術的黃道十二宮、四大（四元素）學說（地、水、火、風），並與我國傳統的二十八宿、五行說、神煞系統並存而形成《七政四餘術》。此外，一些術數中的北斗星名，不用我國傳統的星名：天樞、天璇、天璣、天權、玉衡、開陽、搖光，而是使用來自印度梵文所譯的：貪狼、巨門、祿存、文曲，廉貞、武曲、破軍等，此明顯是受到唐代從印度傳入的曆法及占星術所影響。如星命術中的《紫微斗數》及堪輿術中的《撼龍經》等文獻中，其星皆用印度譯名。及至清初《時憲曆》，置閏之法則改用西法「定氣」。清代以後的術數，又作過不少的調整。

此外，我國相術中的面相術、手相術，唐宋之際受印度相術影響頗大，至民國初年，又通過翻譯歐西、日本的相術書籍而大量吸收歐西相術的內容，形成了現代我國坊間流行的新式相術。

陰陽學——術數在古代、官方管理及外國的影響

術數在古代社會中一直扮演着一個非常重要的角色，影響層面不單只是某一階層、某一職業、某一年齡的人，而是上自帝王，下至普通百姓，從出生到死亡，不論是生活上的小事如洗髮、出行等，大事如建房、入伙、出兵等，從個人、家族以至國家，從天文、氣象、地理到人事、軍事，從民俗、學術到宗教，都離不開術數的應用。我國最晚在唐代開始，已把以上術數之學，稱作陰陽（學），行術數者稱陰陽人。（敦煌文書、斯四三二七唐《師師漫語話》：「以下說陰陽人謾語話」，此說法後來傳入日本，今日本人稱行術數者為「陰陽師」）。一直到了清末，欽天監中負責陰陽術數的官員中，以及民間術數之士，仍名陰陽生。

古代政府的中欽天監（司天監），除了負責天文、曆法、輿地之外，亦精通其他如星占、選擇、堪輿等術數，除在皇室人員及朝庭中應用外，也定期頒行日書、修定術數，使民間對於天文、日曆用事吉凶及使用其他術數時，有所依從。

我國古代政府對官方及民間陰陽學及陰陽官員，從其內容、人員的選拔、培訓、認證、考核、律法監管等，都有制度。至明清兩代，其制度更為完善、嚴格。

宋代官學之中，課程中已有陰陽學及其考試的內容。（宋徽宗崇寧三年〔一一零四年〕崇寧算學令：「諸學生習……並曆算、三式、天文書。」「諸試……三式即射覆及預占三日陰陽風雨。天文即預

定一月或一季分野災祥，並以依經備草合問為通。」

金代司天臺，從民間「草澤人」（即民間習術數人士）考試選拔：「其試之制，以《宣明曆》試推步，及《婚書》、《地理新書》試合婚、安葬，並《易》筮法，六壬課、三命、五星之術。」（《金史》卷五十一·志第三十二·選舉一）

元代為進一步加強官方陰陽學對民間的影響、管理、控制及培育，除沿襲宋代、金代在司天監掌管陰陽學及中央的官學陰陽學課程之外，更在地方上增設陰陽學課程（《元史·選舉志一》：「世祖至元二十八年夏六月始置諸路陰陽學。」）地方上也設陰陽學教授員，培育及管轄地方陰陽人。（《元史·選舉志一》：「（元仁宗）延祐初，令陰陽人依儒醫例，於路、府、州設教授員，凡陰陽人皆管轄之，而上屬於太史焉。」）自此，民間的陰陽術士（陰陽人），被納入官方的管轄之下。

至明清兩代，陰陽學制度更為完善。中央欽天監掌管陰陽學，明代地方縣設陰陽學正術，各州設陰陽學典術，各縣設陰陽學訓術。陰陽人從地方陰陽學肄業或被選拔出來後，再送到欽天監考試。（《大明會典》卷二二三：「凡天下府州縣舉到陰陽人堪任正術等官者，俱從吏部送（欽天監），考中，送回選用；不中者發回原籍為民，原保官吏治罪。」）清代大致沿用明制，凡陰陽術數之流，悉歸中央欽天監及地方陰陽官員管理、培訓、認證。至今尚有「紹興府陰陽印」、「東光縣陰陽學記」等明代銅印，及某某縣某某之清代陰陽執照等傳世。

清代欽天監漏刻科對官員要求甚為嚴格。《大清會典》「國子監」規定：「凡算學之教，設肄業生。滿洲十有二人，蒙古、漢軍各六人，於各旗官學內考取。漢十有二人，於舉人、貢監生童內考取。附學生二十四人，由欽天監選送。教以天文演算法諸書，五年學業有成，舉人引見以欽天監博士用，貢監生童以天文生補用。」學生在官學肄業、貢監生肄業或考得舉人後，經過了五年對天文、算法、陰陽學的學習，其中精通陰陽術數者，會送往漏刻科。而在欽天監供職的官員，《大清會典則例》「欽天監」規定：「本監官生三年考核一次，術業精通者，保題升用。不及者，停其升轉，再加學習。如能黽勉供職，即予開復。仍不及者，降職一等，再令學習三年，能習熟者，准予開復，仍不能者，黜退。」除定期考核以定其升用降職外，《大清律例》中對陰陽術士不準確的推斷（妄言禍福）是要治罪的。《大清律例・一七八・術七・妄言禍福》：「凡陰陽術士，不許於大小文武官員之家妄言禍福，違者杖一百。其依經推算星命卜課，不在禁限。」大小文武官員延請的陰陽術士，自然是以欽天監漏刻科官員或地方陰陽官員為主。

官方陰陽學制度也影響鄰國如朝鮮、日本、越南等地，一直到了民國時期，鄰國仍然沿用着我國的多種術數。而我國的漢族術數，在古代甚至影響遍及西夏、突厥、吐蕃、阿拉伯、印度、東南亞諸國。

術數研究

術數在我國古代社會雖然影響深遠，「是傳統中國理念中的一門科學，從傳統的陰陽、五行、九宮、八卦、河圖、洛書等觀念作大自然的研究。……傳統中國的天文學、數學、煉丹術等，要到上世紀中葉始受世界學者肯定。可是，術數還未受到應得的注意。術數在傳統中國科技史、思想史，文化史、社會史，甚至軍事史都有一定的影響。……更進一步了解術數，我們將更能了解中國歷史的全貌。」（何丙郁《術數、天文與醫學中國科技史的新視野》，香港城市大學中國文化中心。）

可是術數至今一直不受正統學界所重視，加上術家藏秘自珍，又揚言天機不可洩漏，「（術數）乃吾國科學與哲學融貫而成一種學說，數千年來傳衍嬗變，或隱或現，全賴一二有心人為之繼續維繫，賴以不絕，其中確有學術上研究之價值，非徒癡人說夢，荒誕不經之謂也。其所以至今不能在科學中成立一種地位者，實有數因。蓋古代士大夫階級目醫卜星相為九流之學，多恥道之；而發明諸大師又故為惝恍迷離之辭，以待後人探索；間有一二賢者有所發明，亦秘莫如深，既恐洩天地之秘，復恐譏為旁門左道，始終不肯公開研究，成立一有系統說明之書籍，貽之後世。故居今日而欲研究此種學術，實一極困難之事。」（民國徐樂吾《子平真詮評註》，方重審序）

現存的術數古籍，除極少數是唐、宋、元的版本外，絕大多數是明、清兩代的版本。其內容也主要是明、清兩代流行的術數，唐宋或以前的術數及其書籍，大部分均已失傳，只能從史料記載、出土文獻、敦煌遺書中稍窺一鱗半爪。

術數版本

坊間術數古籍版本，大多是晚清書坊之翻刻本及民國書賈之重排本，其中豕亥魚魯，或任意增删，往往文意全非，以至不能卒讀。現今不論是術數愛好者，還是民俗、史學、社會、文化、版本等學術研究者，要想得一常見術數書籍的善本、原版，已經非常困難，更遑論如稿本、鈔本、孤本等珍稀版本。在文獻不足及缺乏善本的情況下，要想對術數的源流、理法、及其影響，作全面深入的研究，幾不可能。

有見及此，本叢刊編校小組經多年努力及多方協助，在海內外搜羅了二十世紀六十年代以前漢文為主的術數類善本、珍本、鈔本、孤本、稿本、批校本等數百種，精選出其中最佳版本，分別輯入兩個系列：

一、心一堂術數古籍珍本叢刊

二、心一堂術數古籍整理叢刊

前者以最新數碼（數位）技術清理、修復珍本原本的版面，更正明顯的錯訛，部分善本更以原色彩色精印，務求更勝原本。并以每百多種珍本、一百二十冊為一輯，分輯出版，以饗讀者。

後者延請、稿約有關專家、學者，以善本、珍本等作底本，參以其他版本，古籍進行審定、校勘、注釋，務求打造一最善版本，方便現代人閱讀、理解、研究等之用。

限於編校小組的水平，版本選擇及考證、文字修正、提要內容等方面，恐有疏漏及舛誤之處，懇請方家不吝指正。

心一堂術數古籍 珍本／整理 叢刊編校小組

二零零九年七月序

二零一四年九月第三次修訂

甲辰七月

撼龍經真義

吳師青自署

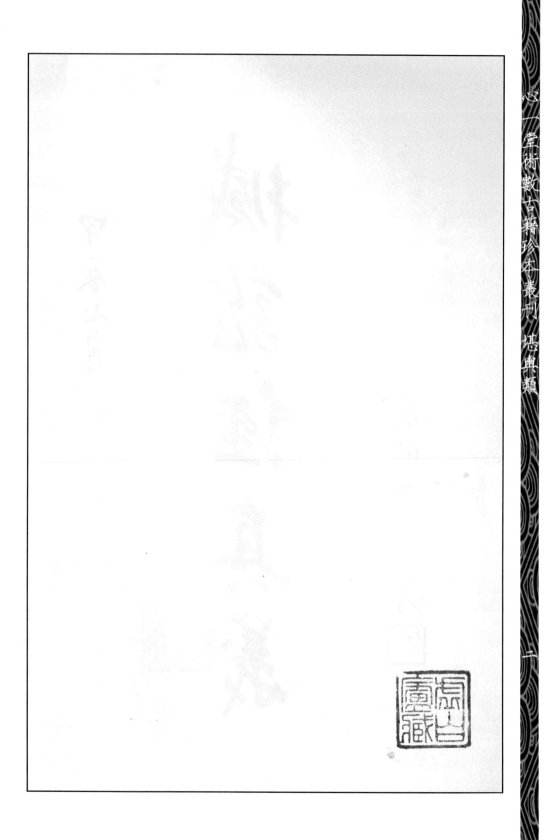

序

我國言地學者、咸推楊筠松。楊氏生於五代後唐、攬其遺徽、纘其餘緒、猶想見其學之博大精深、而足以參乎天地之造化也。故其遺書無多、而歷久不能磨滅、如魯殿靈光、巍然屹立於千載而下者、豈無故哉。

然古人著書、誠非易事。而讀古人書者、尤不易言。余觀楊氏撼龍經、捃羅地紀、援引天文、論垣局而證皇都、從垣外而辨九星、洵非向壁虛鑿、鼓如簧之舌者、所能冀其萬一也。然此經傳至今日、坊刻每多舛誤。而解釋經文者、尤爲蕪雜。頓令此經眞旨、由此而晦、後人心目、由此而亂、誠可慨矣。

吳師青兄、少讀儒書、置身貨殖、具孔門端木億中之才、而性嗜天文、尤精地學。民十三年著有地學鐵骨秘、年來創造天體曆、及中西星座對照圖、樓宇寶鑑等書、風行於世。今者出示所註撼龍經、淵源有自、博贍無遺。考正經文、補郭公夏五之闕疑、辨魯魚亥豕之譌誤。解釋經義、據天文地理史志、及經史子集百家、典實盡量搜羅、訓詁都歸明確。由是一經陶鑄、而咸就範圍、撥層霧而見天、導洪流以歸海、使讀此經者、瞭於心而明於目、無詰屈聱澀之苦、此不止爲楊氏之功臣、抑亦爲後學之津渡也。

際茲文化交流之日、凡有國粹、正宜發揚光大、遠播遐方、以供世界學者之研究。他日我國地學、得與天文學、共躋於科學之列、此則不惟吳兄註書之宏願、亦吾人之亟欲快覩也。是爲序。

公元一九六四年仲夏穀旦　鄧肇堅敬撰

自序

我國文化、自皇古以來、創有四千餘年之成績。先民仰觀俯察、得於天文地理者、尤有精深博大之歷史。於時習堪輿者、論山川形勝、亦多引證於天文。蓋在天成象、在地成形也。楊公生於五代後唐、名筠松、人稱楊救貧、因其術能救人之貧也。公所著書、後人奉爲圭臬、立言誠不朽矣。尤以撼龍經包括天文地理、如入皇城論垣局、則曰北斗一星天中尊、上將上相居四垣。從垣外論九星、則曰貪武巨星幷輔弼、祿文廉破地中行。是天分星宿、地列山川之義也。經中引用古籍、以晉書天文志、唐一行僧山河兩戒之說爲多。余讀撼龍經、竊心焉嚮往、口誦心唯、不間寒暑。深知楊公經文奧旨、字字璣珠。惟傳世日久、多被後人舛易。且葉九升、尹四豪輩、每以己意逆經文、而經文原義、且因之而反晦。師青不揣譾陋、輒於商務餘閒、據古本而考訂訛誤。搜寶笈而詳加箋註。訓詁既明、義理斯得。庶讀楊公之經、而豁然可見廬山眞面焉。

竊嘗論之、文化交流、學術廣播、正須就世界人才、共負仔肩。何可以跬步自封、而限於畛域也哉。如我國之天文學、歷三代秦漢魏晉唐宋、已燦然可觀。而必待明清兩代、西方學者偕來、而後稱盛。集思廣益、而貢獻者多也。惟是中國地學、根據山脈河流之辨別、四垣列宿之配合、歷歷可見、如指之掌者。非牛頓、愛因斯坦、輩所曾言也。九星變穴、五吉鍾靈、應如桴鼓者、實蘇格拉底、康德、輩所未講也。此無他、中西隔閡、而智識未嘗交換耳。師青本發揚文化之素心、思以可寶之國粹、冀藉手以傳播遠邇。且借他山之攻錯、務期中外績學之士、共事鑽研、更臻造詣、則此經之註、爲不虛矣。苟有時師、拾楊公一鱗半爪、而侈談禍福、以慫恿聽聞、無乃自視太小歟。倘我國莘莘學子、肄業外邦、學業成就、以餘暇譯以彼邦文字、使人皆得以披覽、則我國文化之輝煌、照耀寰宇、國粹亦由此而永傳。則師青之宏願、其在斯乎、其在斯乎。

公元一九六四年四月　日　吳師青序於香港蟄廬

撼龍經眞義

後唐楊筠松撰　　吳師青註

總論

須彌山是天地骨、中鎭天地成巨物。如人背脊與項梁、生出四肢龍突兀。四肢分作四世界、南北東西爲四派。西北崆峒數萬程、東入三韓隔杳冥。惟有南龍入中國、胎宗孕祖來奇特。黃河九曲爲大腸、川江屈曲爲膀胱。分枝劈脈縱橫去、氣血勾連逢水住。大爲都邑帝王州、小爲郡縣君公侯。其次偏方小鎭市、亦有富貴居其地。

【師青曰】：總論者、本經之發凡也。論山脈河流、必先提綱挈領、上溯須彌山也。須彌山見佛經、亦作修迷樓、其義爲妙高、亦曰雪山、即今之喜馬拉雅山也。須修之與喜、彌迷之與馬、樓之與拉、皆一聲之轉耳。拾遺記曰：崑崙山有九層、從下望之如城闕之象、西方有須彌山、對七星之下、出碧海之中、經稱須彌、卽崑崙矣。又有指喜馬拉雅山爲崑崙者、如元史：稱太祖駐大雪山、時雪深二丈、詔封崑崙山爲玄極山、是也。本經論中國山脈、以崑崙爲祖、可無疑義。崑崙爲亞洲最大山脈之一、起自帕米爾高原東境之葱嶺、東西綿亘、約經度四十度、崑崙之東、分北條中條南條三派、而全布於中國也。觀夫世界大山脈之分布、在東大陸多東西橫列、在西大陸多南北縱列、總稱科的勒拉山系。亞洲之崑崙、喜馬拉雅、天山阿爾泰、興都庫什等山脈、以帕米爾高原爲總薈。歐洲之巴爾幹、喀爾巴阡、阿爾卑斯、比利牛斯等山脈、以瑞士高原爲總薈。而喜馬拉雅山之埃佛勒斯峯、高度達八、八八二公尺、爲世界第一高峯。非歐亞分界之烏拉嶺、瑞典諾威間之基阿連山、及意大利之亞平寧山可比。更非非洲之亞特拉斯山、可得望其肩背也。亞洲地勢、高低參錯、冠絕各洲、中央之帕米爾高原、向稱世界屋頂、南支喜馬拉雅山系、又爲世界最高峯、故經稱曰天地骨。張華博物志曰：地以名山爲之輔佐、石爲之骨、川爲之脈、草木爲其毛、土爲其肉、骨之義本此。以天地之大、非得巨物不能中鎭、御覽三十六引河圖括地象曰：崑崙山爲天柱、氣上通天、崑崙者、地之中也、下有八柱、柱廣十萬里、有三千六百軸、互相牽制、名山大川、孔穴相通。又引管子逸文曰：地或維之、地莫之維、地亡必矣。故必須此巨物而中鎮天地也。山猶人也、人之戴天履地、則以骨幹爲主、而後背脊與項梁四肢、乃得其用。山以主峯爲骨幹、骨峻則背脊與項梁四肢、突兀奔騰而分派於四世界矣。楊公生於五代干戈擾攘之際、避唐末之亂、僑居後唐、足跡未嘗及於外域、故論崑崙、獨詳南脈、東與西北、則約畧言之、目所未覩也。至於歐美各邦、名山兀落、全未道及、至今爲憾。余縱觀歐洲地勢、西北高而東南低、山脈綿連、可分四系：以中歐阿爾卑斯高原爲主脈、崛起於瑞士意大利之間、爲一洲之骨幹。以勃朗爲第一高峯、拔地四千餘公尺。雄峙瑋麗、足與亞洲崑崙媲美、此一系也。比利牛斯、蜿蜒於法蘭西西班牙間。以數條平行山脈、構成伊比利亞半島。此一系也。基阿連山斜峙於斯堪的納維亞半島上、入海爲蘇格蘭高地、此又一系也。本洲東部之烏拉山脉、雖不以雄峻名、而突兀崢嶸、爲歐亞二洲之分界、此又一系也。美洲地勢、縱分東中西三部、中部爲廣大之平原、東西皆屬山地。東部自佛羅里達、向東北綿延、達聖河稜士河南岸諸脈、總稱阿巴拉契安山系、然而高度不大、最高峯僅二千公尺耳。西部則屬科的勒拉山脈、落機山自阿拉斯加南下、經坎拿大、達墨西哥、長五六千公里、而至於太平洋岸、爲北美洲最大之山脈、最高峯則有布蘭卡山。南美洲之安達斯山、阿空加瓜、其高度足以中鎮於本洲、而爲天地之骨也。至於澳大利亞洲、本部雖有相當高廣之大陸、而山脈則多褶曲、散布於太平洋者、又皆屬島嶼、茲不具論。非洲山脉、多緣邊岸、斷續錯列、甚少一貫之脈胳、北岸有亞特拉斯山脈、西岸有空格山脈、南部有德拉肯山脈、而皆不若東部之乞列馬札羅山、其高度達六千餘公尺、堪稱全洲第一高峯。差足以鎭本洲、不能與歐亞北美相埒。夫一洲有一洲之山脈、一國有一國之山脈、雖厚薄大小、各有不同、而骨幹脊梁四肢、未嘗有異也。惜楊公當日未嘗觀光上國、所謂四肢分作四世界者、只就崑崙立論、其他則付諸闕如耳。故東南西北、其考據皆根據我國古籍。淮南時則訓曰：東方之極、自碣石過朝鮮、貫大人之國、東至日出之次、榑木之地、青土樹木之野、太皡勾芒所司者萬二千里。南方之極、自北戶鳥孫之界、貫顓頊之國、南至委火炎風之野、赤帝之司者萬二千里。西方之極、自崑崙絕流沙沈羽、西至三危之國、石城金室飲氣之民、不死之野、少皡蓐收之所司者、萬二千里。北至令止之俗、有凍寒積冰雪雹霜霰漂潤羣水之野、顓頊玄冥所司者、萬二千里。元李翀日聞錄曰：道家謂崑崙山高二千五百里、日月常相隱秘以爲光明、遂推廣而爲日月循環、須彌山照臨四世界云。所引道家、未稱何書、今猶待攷。然四世界之說、則出於二氏可知矣。西北崆峒數萬程、言崑崙西北條、直走崆峒、程途數萬。爾雅曰：距齊州北戴斗極爲空桐。淮南紀論訓、高誘注曰：戴勝極下之地、後漢書隗囂傳、王孟塞鷄頭道、章懷太子注曰：鷄或作笄、一名崆峒山、在今原州西也。御覽五十引九州要紀曰：涼州古武威郡有天山、黃帝受金液神丹於此山、近崆峒山。漢書西域傳：西域三十六國、皆在匈奴之西、烏孫之南、南北有大山、中央有河、東西六千餘里、南北千餘里。總不出葱嶺範圍、程途之廣可知。東入三韓隔杳冥、此言崑崙東條之所至也。後漢書曰：韓有三種、一曰馬韓、二曰辰韓、三曰弁韓、各在山海間、地方四千餘里、東西以海爲限、故曰杳冥也。崑崙山雖分四枝、本經言西北二枝、歷崆峒、盡沙漠。東一枝、走三韓、盡於海、不復再詳、而專論南龍矣。南龍入中國、胎宗孕祖、爲全國山脈之主峯。夫兩山之間必有水、兩水之間必有山。爾雅曰：河出崑崙虛、百里一小曲、千里一曲一直。淮南子曰：河水九折而流不絕者、有崑崙之輸也。素問曰：大腸者、傳導之官、變化出焉。說文曰：江水出蜀郡湔氐徼外岷山。素問曰：膀胱者、州都之官、津液藏焉。人之大腸膀胱、能化糟粕轉味而入出者也。龍之左界爲黃河、如人之大腸、右界爲長江、如人之膀胱也。於是分枝劈脈、水隨龍去、龍隨水住、水有大小、山有遠近、山氣水血、兩相勾連、逢水住而傑構出焉。經曰：大爲都邑帝王州、小爲郡縣君公侯。言有此山河、即有此都會也。我國自古以來、如河南之洛陽、陝西之關中、直隸之北平、江南之金陵、物華天寶、甲秀神州、此其最著者也。又觀世界名邦、若大不列顛之倫敦、洵最隆盛之大都會、爲河山靈氣所特鍾、而有以孕育人文也。經曰：胎宗孕祖來奇特、觀夫勃朗一峯、拔地四千餘尺、最爲奇特。且也高大嵯峨、裂絲摺傘、以楊公之經義斷之、則尖燄聳天庭、炎炎號火星、廉貞作祖、夫復何疑。當其下殿辭樓、分枝劈脈、一自東南迤邐而行、經奧地利亞、沿南斯拉夫、抵希臘、入海而爲愛琴諸島。一自奧地利亞北部、沿捷克斯拉夫邊界、轉向東南、而入羅馬尼亞。更南折而東、爲巴爾幹山脈、一自南行、縱貫意大利半島、爲亞平寧山脈。自勃朗而分三枝、亦猶崑崙之分三大幹、西北沙漠、東入三韓、而南則分布於中國也。大不列顚三島、高原與平原相間。幹脈則來自勃朗南枝、幾經束峽、跌斷而復起、斜趨蘇格蘭北部、蔚爲格蘭扁山脉。而尼維斯高峯、拔海一千三百餘尺。笋峯高矗、一邊開面、奔騰直去、誠南枝之貪狼行度。楊公曰：橫看是頂側是峯、此是貪狼出陣龍。又曰：貪狼若非廉作祖、爲官也不到三公。由此觀之、則尼維斯誠三吉最秀之星峯也。當其落坪化弱、則爲蘇格蘭中央低地。哲維倭特丘陵、橫亘其中、行度皆爲祿存帶破、一起一伏、走旗斜趨。楊公曰：要知五嶽眞龍落、半是祿破相參錯、此之謂也。南下構成平甯山脈、南北聯絡百餘里、而成英格蘭北部之脊樑。東南落坪化弱、而成英吉利大平原、北部工業區、稱黑英格蘭、南部農牧場、稱綠英格蘭、爲黑爲綠、形氣發洩、各有不同也。全國河流、以太晤士河爲最大、發源於南部之柯次華山、隨龍東去而注於北海。又恒比爾河、爲特倫特、烏斯等河匯流而成、亦注於北海、此即楊公所謂九曲大腸也。塞汶河、源出威爾士、流向作半圓形、注於布利斯托爾峽、諸河下游、每成三角、大幹運河、溝通愛爾蘭海與北海、全國多深入之海灣及突出之半島、此又楊公所謂川江屈曲爲膀胱也。倫敦位於太晤士河下流、背山面水、風光幽美、民物富庶、洵天然之都會矣。都邑之說、由來自古、釋名曰：都者國君之所居、人所都會也。左傳曰：邑有先君宗廟之主曰都、無曰邑。釋名曰：州注也、郡國所注仰也。史記曰：秦始廢五等之爵、立郡縣之官　以公國爲大、侯伯爲小、小郡曰都、秦廢封建而爲郡縣也。以古證今、名或不同、而國家制度則一也。故雖偏方小鎮、亦有富貴所居之地焉。

大率行龍自有眞、星峯磊落是龍身。高山須認星峯起、平地龍行別有名。峯以星名取其類、星辰下照山成形。龍神二字尋山脈、神是精神龍是質。

【師青曰】：經首於高山星峯、平地水勢、平列爲兩項。次段於九星之前、單提平洋。蓋平地亦有星峯、但平地如紙、都象右弼隱曜。然隱曜亦以審水爲眞、所謂凡到平陽莫問踪、只觀水遶是眞龍、大旨昭然若揭矣。星峯磊落者、經以九星名峯、垣局篇曰：貪巨武星並輔弼、祿文廉破地中行、九星也。後漢書：連衡者、方印磊落。辭源：釋爲多貌、是錯雜不一也。峯以星取名、星下照而成形。御覽三十八引河圖曰：蟠冢山上爲狼星、武開山上爲天高星、荆山上爲軒轅星、三危山上爲天苑星、岐山上爲天麋星、汶山上爲天井星、桐柏山上爲掩畢星、熊耳山上爲畢附耳星。星峯取類、由來自古。龍神者何、質有形、神無像、審形難、識神尤難。歷觀正龍、確有精神、必能識神、方能看質、神與質、二者不可忽也。

莫道高山方有龍、卻來平地失眞蹤。平地龍從高脈發、高起星峯低落穴。高山旣認星峯起、平地兩傍尋水勢。兩水夾處是眞龍、枝葉周囘中者是。莫令山反枝葉散、山若反兮水散漫、外山百里作羅城、此是平陽龍局段。星峯頓伏落平去、外山隔水來相顧。平中仰掌似囘窠、隱隱微微立邱阜。便從邱阜覓囘窠、或有勾夾如旋螺。勾夾是案螺是穴、水去明堂聚氣多。四旁繞護如城郭、水繞山環聚一渦。

【師青曰】：此段首言莫謂高山有龍、平地失蹤。九星立右弼一法、眞蹤可尋矣。匪直此也。平地龍皆從高脈發、右弼篇云：八曜入坪皆有蹤、是九星皆能落平也。高起星峯、落穴則低。穴者墓地塋兆也。在高山則認星峯、在平地則尋水勢、而穴情見矣。祿存篇云：到此君須看水勢、水勢莫問江與溪、只要兩源相夾出、交鎖外結重重圍。此是眞龍兩水夾背也。枝葉周回、若是結實護纏回也。山反枝葉散者、四獸不顧、空亡歇絕之地也。龍以山水轉抱爲眞、若山反水散、而羅城又遠在百里、此是大龍局段、局大故用遠、凡星峯頓伏、降勢落平、結穴必遠、隔水之山作護、本身從送反短縮者、此大龍也。又須認此龍之來歷、其氣魄體段、果能用得起否、不能妄指遠山、牽扯作護也。必也外山隔水、相顧有情。更須看平地掌裏窩心、而後可以從此隱隱微微處而覓穴也。或有勾夾如螺旋、或有云者、或有此種也。勾夾者、勾轉夾抱也。旋螺者回旋之暈、有如螺靨、蓋勢止形昂、如以石投水、淪瀾圓聚、若旋螺紋也。勾夾是案、說文曰：案几屬也。形家以穴前橫列之山爲講書臺也。明堂聚氣者、穴前有地渟瀦蓄聚處也。城郭繞護、繞者、廣雅釋爲繞纏、字林曰：繞、圍也。卽貪狼篇所謂羅城恰似城牆勢者也。水繞山環聚一渦、本文自明。

霜降水涸尋不見、春夏水高龍背現。此是平陽看龍法、過處如絲或如綫。高水一寸卽是山、低土一寸水回環。水纏便是山纏樣、纏得眞龍如仰掌。窠心掌裏或乳頭、端然有穴明天象。水繞山纏在平坡、遠有圍山近有河。只愛山來抱身體、不愛水反去從他。水抱應知山來抱、水不抱兮山不到。莫道高山容易識、行到平陽失蹤跡。藕斷絲連正好尋、退卸愈多愈有力。高龍多下低處藏、四沒神機便尋得。祖宗父母數程遙、誤得時師皆不識。凡到平陽莫問蹤、只觀環繞是眞龍。念得龍經無眼力、萬卷眞藏也是空。

【師青曰】：攷禮記月令；季秋之月霜始降、仲秋之月水始涸、仲春之月始雨水、此言水涸則隱、水高則現也。雖如綫如絲、其過脉處、猶可尋也。玉髓經云：此名天平只看水、水繞彎環是穴中。龍若見水穴方止、無水欄斷去不窮。君如記此水龍法、不與高山一例同。平洋看龍之法、義蘊畢宣矣。葬經有支隴之止、平夷如掌。掌上回窠、則爲掌心穴。凹中浮起平凸者、則平面之乳穴也。要之牝牡相得、而穴出焉。端然有穴明天象者、如北辰居所、衆星拱向也。水繞山纏、遠山近河者、卽疑龍經所謂、重重包裹蓮花瓣、正穴卻在蓮花心者也。所愛山來水抱、若山不抱而水去、烏可以言結穴哉。高山易識、而平洋蹤跡、若藕斷絲連、尋覓不易。右弼篇曰：剝龍失脉失跡時、地上失弦琴背覓。則覓處可從琴背矣。退者、如蠶之退筐。卸者、如人之卸衣。貪狼篇言之詳矣。四、謂青龍白虎朱雀玄武四獸也、高山之穴、可以四獸求之。平陽四沒神機、惟水繞山纏、求其勾夾旋螺而已。衆水所趨之地、將相公卿、多生其間、固無分高山平陽也。時師局於龍虎、如鶻鳩之決搶榆枋、又何知焉。念龍經而無眼力、易經所謂、苟非其人、道不虛行者、良有以也。

垣局

北斗一星天中尊、上相下將居四垣。天乙太乙明堂照、華蓋三台相後先。此星萬里不得一、此龍不許時人識。識得之時不用藏、留與皇朝鎮家國。

【師青曰】：此言紫微垣中有帝星、爲諸星之最尊者也。爾雅云：北極謂之北辰。文選注、引春秋合誠圖曰：北辰其星七、在紫微中。史記天官書曰：天極星、其一明者、太一常居也。史公以帝爲極星。帝爲二等星、其近旁無二等以上之星、故曰其一明者、言近極星中此星獨明也。晉書天文志：北極五星、第二星爲帝、爲太一之座、最赤明者、即此星也。太一常居此、言北極一星、常居於其位。論語曰：譬如北辰、居其所而衆星共之。朱子曰：北辰北極、天之樞也。居其所、不動也。共向也、言衆星四面旋繞而歸向之也。些子不動、是天之樞紐。北辰無星、緣人要取此爲極、不可無記認、所以就其旁取一小星謂之極星。然而極星非不動、只是近那辰、雖動不覺。隋書天文志：北極五星在紫微宮中、一名天極、一名北辰、其紐星之樞也。天運無窮、三光迭曜、而極星不移、故曰居其所而衆星共之、所以爲尊也。晉書天文志：天象星垣有四、有帝座者三。中曰紫微、上曰太微、下曰天市。紫微爲天子寢宮、太微爲布政之宮、天市爲巡狩之宮。三垣以紫微爲尊。東蕃四星、南曰上相、北東曰次相。北中曰次將、又北東曰上將。西蕃四星、南曰上將、北西曰次將。北中曰次相、又北西曰上相。所謂四垣也。亦稱四輔。天乙星在紫宮門右星南、太乙星在天乙星南而相近。皆爲天帝之神。太微西南角外三星曰明堂、天子布政之宮也。大帝上九星曰華蓋、所以覆蔽大帝座也。三台六星、兩兩而居、在人曰三公、在天曰三台、主開德宣符也。留與皇朝鎭家國者、左輔篇云：凡入皇城辨垣局、垣局者、禁星也、此發其大凡耳。

請從垣外論九星、北斗星官係幾名。貪巨武星並輔弼、祿文廉破地中行。九星人言有三吉、三吉之餘有輔弼。不知星曜定錙銖、禍福之門教君識。

【師青曰】：此言天下山川形勢、三垣之外、則有九星。史記天官書索隱曰：官者、星官也。晉書天文志曰：太史令陳卓總甘、石、巫咸、三家星圖、大凡二百八十三官、一千四百六十四星、以爲定紀。黃帝斗圖曰：北斗七星、由來自古。山河兩戒考引易斗中曰

：一破軍、二武曲、三廉貞、四文曲、五祿存、六巨門、七貪狼。加尊帝二星、化爲輔弼、則成爲九星。經文例以貪巨武三星爲吉、增輔弼又適爲五吉矣。四凶、則爲破祿廉文也。五吉少而四凶多。且五吉多寓於四凶之中、必能於五吉之中、識得四凶、方知變化。況九星論龍、每多兼體、其分別甚微渺。人但知五吉四凶之宜分判、而不知分判細於錙銖。如貪狼混於廉破、巨武雜於祿存、輔弼近於文曲。尤以廉貞爲諸星之祖、文曲挾九星而行。祿存帶祿、破軍受破、凶轉爲吉。其或凶星具而龍格始大、故五吉必藉四凶也。凶星換而龍體始秀、則四凶變爲五吉矣。此禍福之門、不可不識也。

貪狼篇第一

【師青曰】：易斗中以破軍爲第一、而本經則以貪狼爲第一。蓋易斗之次第、爲破武廉文祿巨貪、是由龍角逆數參首。本經則以貪巨祿文廉武破爲次第、則自參首順推至龍角。貪巨祿文爲魁之四星、廉武破爲杓之三星也。第貪狼二字、如以訓詁作解、當爲貪婪狼戾。張子微疑其立名舛謬、不知此經別有所取類、貪字於文、上尖下直、有類於木、故以名之、不從訓詁解也。

貪狼頓起筍生峯、若是斜枝便不同。斜枝側頂爲破面、尖而有脚號乘龍。脚下橫拖爲帶劍、文武功名從此辨。橫看是頂側是峯、此是貪狼出陣龍。側面成峯身直去、不是爲朝便不住。

【師青曰】：貪狼星上銳下圓、其形如筍、此爲正體也。何謂頓起、文曲篇云：大頓小伏爲其蹤、是自小而大謂之頓、自大而小謂之起。若是斜枝側頂、則爲貪狼挾破軍矣。又或下形圓平端直、而有脚如瓜瓠、則爲貪狼挾祿存矣。若有脚而拖劍、又爲貪狼兼挾破祿矣。此皆貪狼之變體也。經例以五吉爲吉、四凶爲凶、非五吉不成剝換、非四凶又無威權、由凶變吉方爲奇異、不可不辨也。橫看是頂、側看是峯、此言貪狼與羣龍並出、須別正從、廉貞篇云：亂峯頂上亂石間、則尖出之龍樓、平列之寶殿、此處衆星聚講、旣有橫生之頂、卽有聚講之峯。峯有正側之分、眞龍身上有正峯、此正出之峯也。背斜面直號飛峯、此側出之峯也、側出爲護龍。曲禮：前朱雀而後玄武、左青龍而右白虎、此言陳列之兵法、而形家亦有之、當貪狼從聚講分出、有主將、有卒伍、是謂出陣龍。側峯爲眞龍夾從、繞出眞龍之前、或爲朝應之朱雀、或爲朝揖之龍虎、非此斷不肯住、情顧正龍也。

莫來此處認高峯、道是玄武在其中。亦有高峯是玄武、玄武落處四獸聚。聚處方爲龍聚蹤、四獸不顧總成空。空亡龍上莫尋穴、縱然有穴易歇滅。

【師青曰】：此承上文出陣龍言之也。此處者、側面之處也。側峯旣爲朝應朝揖之用、則是朱雀龍虎之用、非玄武也。若卽誤爲貪狼高峯內有玄武、欲於此中求穴、則錯矣。但此非高峯不結穴之謂也。四獸之義、詳於玉髓經。聚處者、必如葬書所云：玄武垂頭、朱雀翔舞、青龍蜿蜒、白虎馴俯也。若虎踞謂之銜尸、龍踞謂之疾主、玄武不垂頭者拒尸、朱雀不翔舞者騰去、此雖有而實不顧也、便爲空亡。陳壽三國志：載管輅謂毋丘儉父墓、玄武藏頭、蒼龍無足、白虎銜尸、朱雀悲哭、四危己備、法當滅族、不出三年、其應全矣。此四獸不顧之明驗也。

或爲關峽似龍形、正身潛在峽中行。時師多向峽中覓、不識眞龍斷續情。

【師青曰】：此又言側面成峯、正是貪狼出陣、向前直去、若不爲朝揖、便爲關峽。疑龍經云：此是正龍護關峽、莫將堂局此中看者也。若誤指横山作眞地、則失之遠矣。蓋從龍之長者爲朝揖、短者爲關峽。關峽星峯、往往秀麗可觀、但須從斷處看、左輔篇云：一剝一換尋斷處、斷處兩旁生掩護。蓋斷而復續者爲正龍、續而不斷者、正龍之夾護耳。斷而復續、斯爲有情、且能退殺。故斷續二字、最爲著眼、不可不識也。

貪狼自有十二樣、尖圓平直小爲上。欹斜側巖倒破空、禍福輕重自不同。欹側似斜斜似側、平似乘龍側似直。貪狼似巨倒似空、空似有巖卽似石。問君來此如何觀、莫道貪狼總一般。欹是崩崖破是析、斜是邊有邊不同。倒是面尖身直去、空是巖穴多玲瓏。側是飛峯偏不正、七者未是貪狼龍。平地卓然頓起笋、此是尖貪本來性。圓無欹側四面同、平若臥蠶在高頂。直如決脊引繩來、小如筆頭插高嶺。五者方爲貪正形、吉凶禍福要詳明。

【師青曰】：此節乃重言貪狼與破軍之雜亂分形者也。貪狼之形爲尖出、而破軍亦爲尖出。所不同者、破軍則下形走竄耳。約其大端、可分爲十二種。其中五種、係貪狼正形、所謂尖圓平直小是也。其餘欹斜側巖倒破空七者、則貪狼而挾破軍是也。一挾破軍、卽不能以正體之貪狼同論、當求之於破軍篇矣。而世人對此七形、遂指爲七凶。不知貪狼雖挾破軍、然以破軍帶破之法、求之而合、則獲福亦與正體貪狼同、尙何凶之有哉。設或求之而不合、則爲水口關峽之用、其力較輕。誤用之、禍將臨焉。蓋貪狼星原爲三吉之一。其不吉者多成破軍、猶巨武不吉、多作祿存、是烏可不辨之乎。文曲篇云：雜出星峯多變易。上文統論有不知星曜定錙銖。其意乃昭示辨星之難、在於錙銖毫釐之微不能少差、而辨形更不能以似是而非者仿擬之、否則禍福便倒置矣。夫尖直小之爲貪狼、自不與他星相混。若平圓、豈不混入巨門乎。卽本經有乘龍一例、然尖而有脚號乘龍、貪之平圓在身、非乘巨門龍也。下文自有梳櫛。此設爲難詞、令學者得而識九星耳。至於欹斜側倒、有何區別、空與巖石、尤爲混淆、不知舉此七種、所以別破軍於貪狼、非板分七類、而淄澠不紊也、使知貪狼有茲七者、即爲破軍矣。

火星要起廉貞位、生出貪狼由此勢。若見火星動焰時、看他蹤跡落何處。此龍不是尋常貴、生出貪狼絕奇異。火星若起廉貞位、落處須尋一百里。中有貪狼小小峯、有時回顧火星宮。世人只道貪狼好、不識廉貞是祖宗。貪狼若非廉作祖、爲官也不到三公。

【師青曰】：史記天官書北斗七星索隱、引馬融注尚書曰：北斗七星、各有所主。一、主日、法天。二、主月、法地。三、命火、謂熒惑也。四、殺土、謂填星也。五、伐水、謂辰星也。六危木、謂歲星也。七、剽金、謂太白也。蓋本經九星未立以前、原有火星之目。但以北斗立法、取廉貞以稱之耳。位者地位也。廉貞尖燄復起龍樓寶殿、所謂其性炎炎號火星是也。葬書曰：占山之法、以勢爲難、廉貞有勢可占矣。可見火星即廉貞、非二星。惟其尖燄閃動、始得稱爲廉貞。廉貞爲三公之徵、廉貞之所以爲貴、在於磋峨巉巖之石骨。而貪狼則爲土質、是以無力。故廉貞篇云：剝龍換骨分九段、此是公侯將相庭、其貴若此。夫廉貞之下、必有文曲、辭樓下殿、頓伏蛇行、一百里間、必有應星聳出、所稱帳裏貴人者、卽貪狼小峯、而迴顧祖龍之遠峯也。時師偶見嵯峨之峯、卽在左近尋穴、殊悖遠有權威近凶怪之理。祿存篇云：若逢此星遠尋穴、莫向高山近偪促。破軍篇亦曰：況是凶龍不是穴、只是閒行引過身。此係四凶博換三吉之時、皆無迫近有穴之說、廉貞更無論焉。故經文丁寧尋於百里者也。若以尖而秀麗者爲貪、尖而帶黑石嵯峨者爲廉。此亦分辨之一法也。

高山頂上平如掌、中分細脈如蛇樣。貴龍多是穿心出、富龍只從旁生上。高山如帳後面遮、帳裏微微似帶斜。帶舞下來如鼠尾、此是貪狼上嶺蛇。帶舞下來鶴伸頸、此是貪狼下嶺蛇。下嶺解生朱紫客、上嶺須爲朽腐家。

【師青曰】：諸本皆以下嶺爲朽腐、上嶺爲朱紫。實爲傳寫之誤。今師青謹據古本經文前後較正之。蓋下嶺爲貴、上嶺爲賤。此乃一定之論、何以證之。廉貞篇云：帶舞低垂主興旺、是以下嶺爲興旺也。左輔篇云：上嶺逆行推覆舟、是以上嶺爲逆行也。破軍篇云

：前頭走出鵝伸頸、嶺上下來如象鼻。又曰：作穴乳頭出富貴、鵝與鶴類也。是貴下嶺而賤上嶺明矣。一字之差、貴賤適得其反、非細故也。以經證經、庶不爲沿訛之誤、然非好學深思之士、烏能以喻於此道耶。葬書云：玄武不垂頭者拒尸。凡九星出脉、皆須垂頭。平如掌則垂矣。右弼所變、則平如掌。文曲所成、則細如蛇。蓋右弼低過其隱藏之跡、有以聚三吉頓伏之神。而文曲蛇行、其柔順之情、足以化諸凶敗絕之氣。經文云：中分細脉、不獨貪狼有之、凡星皆須有此也。三吉無此、不能成吉。四凶有此、不必言凶。穿心者、中心也。旁生者、橫出也。廉貞云：最要來辨嫡庶行、中心爲嫡、旁生爲庶、不可不分也。微微帶斜者、謂其挾文曲而行、若蛇行之宛轉也。

大山特起小爲貴、小山忽起大爲勢。高低大小斷續行、此是貪狼眞骨氣。大抵九星有種類、生子生孫巧相似。相似方知骨氣眞、剝換不眞皆不是。一剝一換大生細、從大剝細最奇異。剝換退卸見眞龍、小峯依舊貪狼起。剝換如人換衣裳、如蟬退殼蠶退筐。或從大山落低小、或從高峯落平陽。

【師青曰】：此言高低大小斷續行、卽引申上文眞龍斷續情之義也。大頓小伏爲眞蹤、大者蓄勢、小者聚氣、故大者宜於特小。小者成大、弱者成雄、故小者又宜於忽大。疑龍經云：幹上時時斷復斷。蓋必有高低大小、相間而行、方爲有情。若連續不斷、則爲纏龍、非眞龍矣。各星皆有種類、無論三吉四凶、經剝換而仍有本星骨氣者、此爲正龍體段。至若纏護之龍、則不肖其一脈相承之種類矣。廣雅：釋剝爲脫。說文：解換爲易。楊倞曰：剝脫謂刮去其生澀、即經文剝換之義也。存其純潔、則骨正而龍眞。巨門篇曰：貪巨若無輔弼落、高嶺如何住得龍、謂貪狼落低小也。右弼篇云：前篇有時說平處、平裏貪狼皆一同、謂貪狼落平陽也。以此互參、更爲明白。

退卸剝換成幾段、十條九條亂了亂。中有一條卻是眞、若是眞時斷了斷。亂山回抱在面前、不許一條出外邊。只有眞龍坐穴內、亂山在外卻爲纏。此龍多從腰裏落、回轉餘枝作城郭。城郭彎環生捍門、門外羅星當腰著。

【師青曰】：此言龍之換段也。廣雅釋退爲減。說文解字曰：卸、舍車解馬也。廉貞篇：剝龍換骨若九段、是以三數十里間起間星處爲一段也。一條却是眞者、指衆條雖具龍形、然不甚斷。惟斷之又斷者、則爲眞龍。此眞龍在羣山環抱之內、非謂其他亂而復亂之衆條、亦俱不出外邊也。蓋貪狼本性、原不脫高低大小斷續、故有斷之再斷者也。眞龍坐穴之後、其餘則出而迴繞環拱於外。貪狼行龍、多非在其盡頭處。若從腰間落而結穴、其餘枝回轉作穴之城郭。其出水處所、必有兩山彎抱、作爲捍門而守內氣。太平御覽圖墓書曰：三重之山、望之如城郭、多諸䞕別者、亦出公卿。䞕即岐異之岐字、說文：䞕、行貌。何謂捍、顏師古曰：捍蔽、猶言藩屛也。昌黎張中丞傳後序有言：守一城捍天下、即此義也。羅星取義於羅堰星、有壅蓄水潦之義、所以塞水口也。

羅星要在羅城外、此與火星常作對。火星龍始有羅星、若是羅星不居內。居內名爲抱養𤸎、又爲患眼墮胎山。羅星若生羅城口、城口皆爲玉筍班。羅城卻似城牆勢、龍在城中聚眞氣。羅星若在城關間、時師喚作水口山。欲識羅星眞妙訣、一邊枕水一邊田。田中有骨脈相連、或爲頑石焦土堅。此是羅星有餘氣、卓立爲星在水邊。貪巨羅星尖與圓、輔弼武曲方匾眠。祿文廉貞多破碎、破軍尖破最爲害。只有尖圓方匾星、此是羅星得正形。忽然四面皆是水、兩山環合鬱然青。羅星亦自有種類、浪說羅星在水成。

【師青曰】：此言羅星爲火星之餘氣。據星命溯源載：孛爲水星之餘。炁爲木星之餘、計爲土星之餘、羅爲火星之餘。寧使五星犯餘氣、莫使餘氣犯五星。貪狼得廉貞作祖者、方有羅星、亦卽火星龍始有羅星。羅星宜在羅城之外、不宜在羅城之內也。貪狼之羅星、具尖聳之體、形如玉筍、此主文貴科名。唐李宗閔典貢舉、所取多知名之士、若唐沖薛庠袁都等、世謂之玉筍班、班者同輩也、鵷行鷺序、謂之聯班、經文卽取此義也。其次方者爲武曲、匾者爲輔、眠者爲弼、皆吉也。最忌破碎、祿存如落花、文曲似長蛇、廉貞若鼓角異石、破軍則走旗拖尾、爲害尤大。此從羅星之形狀、而定九星、故有四凶五吉之分。總以山石端正開面爲上。若橫戈臥虎、在江河中流者、固不皆屬五吉、亦不謂之凶煞、有時亦可取用、則又不必拘泥矣。

巨門篇第二

【師青曰】：本篇後人誤作武曲、以武曲作巨門。名目旣改、次第亦移。原其立意、只欲牽合五星與九星爲一耳。玆參古本改正、不可竄亂云。

巨門星峯覆鐘釜、鐘釜之形有何故。鐘高釜矮事不同、高卽爲巨矮爲輔。二者雖然皆吉星、金土不容有差互。巨門端嚴富貴牢、輔弼隨龍厚薄取。眞龍若行五六程、臨落之時剝輔星。如梭如印如皎月、三三兩兩牽聯行。前關後峽相引從、峽若多時龍猛勇。剝到輔星三四重、仔細來此認龍蹤。貪巨若無輔弼落、高嶺如何住得龍。雖然輔弼是入穴、作穴隨形又不同。穴隨主峯作鉗乳、形神大小隨龍宗。

【師青曰】：此論山形肖覆鐘者爲巨門、肖覆釜者爲左輔、以高矮不同之故、遂有鐘釜之判也。經例以巨門爲三吉之一、以左輔爲五吉之一。又以覆鐘爲土、以覆釜爲金、飽面者土也、平仰者金也。巨門剝輔而結穴、則爲土生金矣。經例以北斗九星、論山之形勢、此以金土立法者、北斗七星亦分屬五行。晉書天文志：北斗七星、一爲樞、主天。二爲璇、主地。三爲璣、主火。四爲權、主水。五爲玉衡、主土。六爲開陽、主木。七爲搖光、主金。是北斗所以齊五星、非廢五星也。此篇以土金分巨輔、亦猶此道也。廉貞稱火亦然。他如貪狼之笋峯斜枝、不言木、而木在其中矣。樓形之天池、不言水、而水在其中矣。破軍之巨浪、右弼之蜘蛛、過水上灘魚、皆水也。孰謂言九星而捨五行者乎。巨門高而端嚴、則爲正體、能自致富貴。輔弼隨龍變形又不同、往往隨他星作兼體矣。兼厚者、如巨武爲富貴。貪文廉武破祿爲引從、隨其厚薄而定貴賤。迎者爲引、送者爲從也。五六程者、十里爲一程。祿存篇云：十里半程無岡嶺、是半程爲五里、則五六程爲五六十里也。由高剝矮、由鐘剝釜、爲臨落穴之候也。梭爲右弼、印爲左輔也。皎月、月形平圓、左輔而兼右弼者也。藝文類聚山部引相冢書曰：青烏子稱山、望之如卻月形、或如覆舟、葬之出富貴。其所謂覆舟、卽本經之梭、非塟書之覆舟也。卻月覆舟、皆輔弼星也。三三兩兩、乃輔弼之性情、所謂三三兩兩坪中行也。貪狼品字、武巨三峯、皆三三也。樸頭高低、駝峰大小、皆兩兩也。退卸愈多而愈有力、故曰猛勇。將落未落、正落橫落之時、防花穴、須仔細認也。主峯者、一局之主峯也。穴隨主峯、卽作穴之峯也。神尖者取其直、形瘦者就其豐、是宜於乳也、貪破之屬以之。神翕者視其闢、形滿者喜其缺、是宜於鉗也、巨武之屬以之可也。形神大小、不離其宗也。

圓龍忽然長拖脚、恐是鬼龍如覆杓。覆箕覆掌是鬼龍、莫來此處失眞踪。請君細認前頭穴、莫使參前失後空。

【師青曰：】此節辨鬼龍之法。圓龍者、巨門之龍也。鬼山拖脚背後環、鬼爲背後之撑、形如覆杓。凡凹處是面、突處是背、背爲穴後之鬼星也。由此類推、由箕如掌、凡覆體皆背也。三吉之背、何一而非四凶者耶。眞蹤固在彼而不在此也。鬼在穴後、穴在鬼前、不問可知。故寬平者方爲眞蹤、崖岸者、决爲假穴也。葬書云：形如覆舟、女病男囚、蓋覆體之龍、不宜扦穴也。

問君何以知我落、看他尾後圓峯作。問君如何知我行、尾星搖動不曾停。前官後鬼須細辨、鬼克我身居後面。官星克我在前朝、此是龍家官鬼現。眞龍落處陰陽亂、五行官鬼無相戰。水龍剝到火龍出、鬼在後頭官出面。坎山來龍作午丁、卻把地羅差使轉。此是陰陽雜五行、不是龍家官鬼辨。龍家不要論五行、且從龍上看分爭。龍奪脈時是鬼氣、鬼氣不歸龍尚行。

【師青曰】：此節承上而論鬼龍也。何以知其橫落耶、尾後圓峯如覆杓、更不搖動、鬼星已成、是以知其落也。何以知其尙行耶、尾星不成覆杓、搖動未停、是以知其尙在行也。鬼星成則落。鬼星不成、則不落耳。術家例以克我者爲官鬼。龍家以穴後之星爲鬼、案前之星爲官、亦取其克我之義。然克制太過、難以自立、則爲患矣。過則爲患、凡物莫不皆然。龍家之義、亦猶是也。玉髓經云：陰類爲官更爲鬼、可見官鬼皆屬陰、而穴得陽氣耳。易經云：陰疑於陽必戰、爲其嫌於無陽也。官鬼陰類、最嫌牽掣穴氣、分劈太長、太長則無穴、與我爲玄黃之戰爭也。經文例以橫帶巨浪者、爲水龍。尖談炎炎者、爲火龍。出爲三吉、則官鬼全矣。經以陰陽家五行論水龍火龍。則坎北方之卦屬水、午爲南離屬火。淮南天文訓曰：丙丁巳午火也、壬癸亥子水也。藝文類聚載任孝恭祭雜墳文曰：封樹遭殄、誰別羽商之家、墳壟傾迴、終迷庚癸之向。則二十四向論墓、六季以前有之矣。歷代相沿、其法亦備。破軍篇云：不比尋常格地羅。則又何也。地羅是唐代方士圖墓、皆用地羅經、引陰陽家之論五行、與龍家不同。彼以坎爲水龍、午丁爲火龍、水爲火之官鬼、卻差轉地羅以改方向、避就之也。何謂陰陽五行、漢書藝文曰：陰陽十六家、二百四十九篇。陰陽者、順時而發、推刑德、隨斗繫、因五勝、假鬼神而爲助者也。五行三十一家、六百五十二卷。五行者、五常之形氣也、其法亦起五德終始。而小數家因此以爲吉凶、而行於世、寖以相亂。經論龍、故曰龍家。卽秦漢以前形法家學也。漢書藝文志曰：形法六家、百二十二卷、經稱龍家、於形氣分辨、更精徵獨到矣。不論五德終始之小數、而謂形氣之生克也。看鬼以知龍之行止、倘鬼住則知龍住而結穴。其或鬼不住、或鬼太長則奪脉、而爲龍之橈棹、謂之鬼氣不歸。蓋鬼之爲言歸也、不歸、則魂氣無所不之。若短而抱穴、則雖有克我之名、而無奪氣之實、斯可用也。

大抵正龍無鬼山、有鬼不出半里間。橫龍出穴必有鬼、送跳翻身穴後環。鬼星若長奪我氣、鬼短帖身如抱欄。問君如何謂之鬼、主山背後撐者是。分枝劈脈不回頭、奪我正身少全氣。眞龍穴後如有鬼、山短枝多爲雉尾。此是眞龍穴後星、星辰亦有尖圓體。正龍穴後若有鬼、隻隻回頭來護衛。若不回頭衛本身、此是空亡歇滅地。問君何者是空亡、穴後捲空仰瓦勢。便是鬼上細尋覓、鬼山星峯少收拾。眞龍身上護衞多、山山有情來拱揖。護衞帖體不敢離、中有泉池暗流入。要識眞龍鬼山短、緣有纏龍在後段。既有纏龍帖護身、不許鬼山空散漫。鬼山直去投江河、此龍氣纏散亂多。如戈如矛亂走去、包裹無由奈他何。

【師青曰】：此段復申論鬼星、經義更明。畧爲解釋、以暢其論可也。經言正龍無鬼、橫龍有鬼、判若鴻溝、不可忽畧。何謂半里、孫子算經曰：六尺爲步、三百步爲一里、半里約爲一百五十步。長則攫其奪氣、短則爲穴所勝、而無勝穴之患也。鬼脚回顧處、貼氣如抱欄、不出半里、鬼外仍有纏山、疑龍經所謂鬼山拖脚背後環者是也。若不回頭顧穴、則爲四獸不顧之空亡龍矣。鬼山短而枝多、則成雉尾、亦無妨礙、玉髓經有雉尾鬼、其源亦出於此也。鬼星有尖圓、尖爲貪、圓爲巨、視其鼻祖可也。龍之所以貴纏護者、貴其有情也。背則有質而無情矣。纏護不比尋常、自天池以下、與正龍同出、直衞至穴者也。池邊有衛龍、不令水出、故名衛龍池。龍在高頂、水貼龍身。衛龍降自垣星、其貴更大。自外星峯簇擁、皆爲衛龍、如乘輿體制、鹵薄外施、千乘萬騎、不令貼近、自非廉破祿存綿亙百里、安得此等力量耶。龍無躔護、縱雖三吉、亦與破祿同論。如戈如矛、實爲祿存之欃槍、破軍之劍戟、散亂而走、乃水口外纏之用而已、非眞龍也。

龍若無纏又無送、縱有眞龍不堪用。護纏多愛到穴前、三重五重福綿延。一重護衛一代富、護衛十重宰相地。兩重亦作典專城、一重只出丞簿尉。

【師青曰】：此節論護纏以多爲貴也。龍以傳送重疊爲美、一重已富、十重則出宰相矣、唐自武德至長安四年以前、宰相卽是僕射、名異而位同也。秦置諸令長、掌治京畿縣城、秩各有差、所謂典專城也。縣亦有縣丞、主簿、縣尉、漢唐沿之。若無纏送、則見其孤單、雖淸高不過出高僧道士之輩而已。看護龍之重數、而知其官階品級之高下焉。

鬼山亦自有眞形、形隨三吉輔弼類。九星皆有鬼形樣、不類本身不入相。貪狼鬼星必尖小、巨門鬼星枝葉少。多作圓峯覆杓形、撐住在後最爲妙。巨爲墜珠玉枕形、貪作天梯背後生。一層一級漸低小、雖然有脚無橫行。武曲多爲小橫嶺、托後如屏玉几正。弼星作鬼如圍屏、或從龍虎後橫生。橫生瓜瓠抱穴後、金斗玉印盤龍形。輔星多爲獨節鬼、三對平如寫王字。三對兩對相並行、曲轉護身皆有意。廉文破祿本是鬼、不必問他穴後尾。

【師青曰】：此節言鬼星之形、亦隨九星之形爲眞也。如尖小、乃貪狼笋峯所變。枝葉少、爲巨門覆鐘所變。平行穿珠、係巨門而挾左輔。天梯、是一層一級、貪狼而挾破軍也。方正如屏則武曲。圍屏則弼星。後橫生者、輔星有橫布脚也。金斗玉印、即左輔覆釜所變。若盤龍、獨節、則左輔之三所變、三三兩兩、重重圍繞、左輔之性也。故鬼形須類本星、非是星無是鬼。廉文破祿作龍祖、則本是來龍、無於關峽低蹲凶龍作穴之理也。

破祿廉文多作關、近關太闊爲散關。關門是局有大小、破祿二星多外闌。祿星無祿作神壇、破星不破爲近關。善論大地論關局、關局大小水口山。

【師青曰】：此節因上文四凶不必問鬼、則以四凶盡處、而隨論其爲水口作關也。破祿廉文多爲水口關鎖之山、倘無此四凶以爲關闌、則遼闊散漫而無收矣。破軍篇所謂水口關闌皆破祿也。祿存宜帶祿、破軍應帶破。倘祿存無祿、只如螃蟹蜘蛛、而無小貪小巨者、是謂不帶祿、此蛟潭鬼穴之星也。若破軍無破、只如走旂拖尾、而無蛛絲馬跡、是謂不帶破、此羅星關鎖之星也。然視水口星辰之大小、即可知局之大小。大局用大關、小局用小關。如局大關小、或局小關大。恐所尋之穴、必不眞實。欲識大地、必從水口著論也。

鬼山多向橫龍作、正龍多是平地落。平地勢如蜈蚣行、脚長便如橈棹形。停棹向前穴卽近、發棹向後龍未停。橈棹向頭忽峯起、定有眞龍居此地。只看護托回轉時、朝揖在前拜眞氣。

【師青曰】：此言鬼山多作於橫龍。疑龍篇所云、宛轉迴龍似掛鈎者是也。若正龍、多從平地落、疑龍篇云：更不回頭直爲地者是也。何謂蜈蚣行、巨門而微帶祿存之脚也。蓋以蜈蚣短脚爲祿存。然巨輔行龍、鐘釜雜見。此卽平行穿珠之行度耳。脚長則名橈棹、棹停則三重五重抱回來。棹未停、則護送迢迢不回顧矣。平地起峯者、如疑龍篇所云：星峯兩邊轉前揖、穴即近是矣。護托回轉時、則纏山轉來而抱龍體、與穴前如揖者、皆爲我用矣。

大抵九星皆有鬼、相類相如各有四。四九三十六鬼形、識鬼便是識龍精。問君何者謂之官、朝山背後逆拖山。此是朝山有餘氣、與我穴後鬼一般。官星在前鬼在後、官要回頭鬼要就。官不回頭鬼不就、只是虛拋無落首。龍虎背後有衣裾、此是關闌拜舞袖。雖然有袖穴不見、官不離鄉任何受。

【師青曰】：此節官鬼雙提並論、先言鬼、後言官、承上起下也。九星皆有鬼、相類相如各有四、四者、貪巨武輔也。相類、相同也。相如、相乘也、以九星乘四吉、則其數爲四九三十六。本經雖未將三十六鬼之形、一一說出、大抵以類相推、不外乎四吉也。後人揣測紛紜、有以太華經實之者、有以方圓曲直指爲四類者、皆屬錯誤、即高氏葉氏輩、亦不免其惑焉。此節經文、諸本多有錯亂、問君如何謂之鬼、主山背後有餘氣、二句、實爲衍文、師青謹爲訂正刪去、誠以楊公一字不苟下、斷無上文論鬼語氣已足、而復如此拖沓也。官要回頭鬼要就、就即回頭也、背於外而面於內也。由此足以悟相地之法、山須開面、水宜開面、即朝案龍虎衛從、何一不要開面。豈惟此耶、如前官後鬼、穴所不見者、亦皆應回頭轉脚、暗暗開面、相向結作。術者倘能遵此法、於山於水、於朝案龍虎衛從、於前官後鬼、察其何者是面、何者是背、面背既分、眞假立判。願相地者注意之。故官當回頭、鬼要就身。龍虎背後、有拖出之山、則爲曜氣。獨此不用回抱、更須看大勢、視全局、大勢團聚、全局自然回抱。倘一枝一節之飛舞向外、大勢全局並不歸隨、龍虎曜氣、又須另作別論。與鬼官內抱者、未可執一而言也。或龍虎背後、拖出之山、穴中不見反背之應、最爲貴氣。縱主離鄉背井、然既爲貴徵、當爲官貴而出、世間固無不離鄉井而能得任官貴者也。

眞氣聚處看明堂、明堂裏面要平陽。明堂裏面停瀦水、第一寬平始爲貴。側裂傾摧撞射身、急瀉崩騰非吉地。明堂裏面分公位、公位眞在明堂裏。請君未斷左右山、先向明堂觀水勢。明堂亦有如鍋底、橫號金船龍虎裏。直號天心曲御階、馬蹄直兮有曲勢。明堂要似蓮葉水、盪歸左位長公起。盪歸右位小公興、若居中心諸位貴。大抵明堂橫爲貴、其次之玄關鎖是。盪盪直去不回頭、雖似御階非吉地。明堂要如衣領會、左紐右襀方爲貴。或是田隴與山脚、如此關闌眞可喜。忽然面前無關鎖、池刼風吹非吉利。請君來此細參詳、更分前官與後鬼。左脅生來搢笏樣、右脅生來魚袋形。方長爲象短爲木、小巧是金肥是銀。看此樣形臨局勢、中間乳穴是爲眞。

【師青曰】：此承前章眞氣而論明堂也。平陽者、平正開陽也。山南曰陽、取陽明之義也、瀦蓄聚也。水經注曰：水澤所聚謂之瀦。蓋明堂貴寬平而水聚。大龍初起、皆是廉貞破祿、不成明堂、勢多陰惡。關峽如雷者、廉貞之屬也、必崩騰矣。高崖石嘴者、破軍之屬也、必撞射矣。蛟潭鬼穴者、祿存之屬也。必側裂傾摧急瀉矣。此是明堂之三凶、惟文曲柔順而不忌焉。公位、公子之位、古人論宗法、謂公子有宗道、故龍家論房分者、名曰公位、其義殆出於此。左右山亦有公位、而明堂禍福尤速也。故未斷左右山、先觀明堂、觀明堂則以水勢爲要據。有鍋底之明堂、乃取四旁高、中央低之象。有金船之明堂、取其橫長、蓋以橫爲貴也。明堂之如御階、御階者宮庭之玉階也。天玉經謂：水到玉階官便至、取其端正如殿廷之階也。水之曲者、猶馬蹄之跡、交錯而出。鍋底明堂之水、必瀦於中、髣髴若蓮葉之承露也。左爲震、爲長男、故於公位屬長。右爲兌、爲少女、故於公位爲小。中爲坎、爲中男、於公位爲中子、諸水聚於其中、故諸位皆貴。大抵明堂以橫爲最貴、蓋橫則有朝案橫闌而後水橫也。次爲之玄、之玄者、謂水之曲折、如之字之屈曲、玄字之宛轉也。有龍虎交結、而後水有關鎖、此即馬蹄明堂也。御階層級直下、直下謂之急瀉、故曰非吉地也、然形家有以屈曲者爲御堦、屈曲則不直下急瀉矣。何謂衣領會、左邱明曰：衣有襘。晉杜預注曰：襘、領會也、許叔重說文解字曰：襘、帶所結也、從衣、會聲。班孟堅漢書五行志：衣有襘、顏師古注曰：襘、領之交會也。鈕襀者何、賈公彥禮記玉藻並紐約疏曰：紐謂帶交結之處、許叔重說文解字曰：襴、重衣貌、爾雅曰：襴襴襀襀。引圖墓書曰：冢前左右、有小岡如投算、相連數里、名爲導引岡、塋之出富貴。此即明堂紐襀之交牙、用爲排衙唱喏。田隴間與山脚下、有如此關闌、喜可知也。否則前無關鎖，非急瀉，即傾攉、池既劫、風又吹、則攛射堪虞、斷非吉利矣。既觀水勢、更觀左右之山。前官後鬼、即左右山之一也。搢笏者、禮樂記曰：裨冕搢笏、鄭注：謂搢猶插也。笏、晉宋以來謂之手板、自西魏以降、五品以上通用象牙、六品以下兼用竹木、皆古大臣凡有指畫於君前受命書於笏。魚袋者、考唐制大臣佩魚袋以爲榮寵、以紫金爲貴、各有等差也。笏貴方長、魚貴小巧。言乳穴者、兼窩鉗諸名而論、破軍篇云：作穴乳頭出富貴、亦此例也。小巧、他本或作小攷。

賜帶鬼形如瓜瓠、二條連移左轉去。回頭帖來侍從官、前案橫交金玉盤。玉盤賜將金盤相、左右在人心眼上。重數如多賜亦多、一重末許金犀磨。二重是犀三金帶、橫轉穴前官轉大。子孫三代垂魚袋、右上三重虎身外。四重賜玉幷賜金、重數如多福最深。此是龍家賜帶鬼、莫將龍內左邊臨。玉几方屏武曲形、几屏須要問先後、未有屏先几後生。几屏、身後是几几外屏。几屏如在後頭托、此是公侯將相庭。

【師青曰】：此論鬼星之最吉者。諸本字有錯誤及衍文、今改正、以存楊公之眞。又金犀磨之磨字或作拖。鬼名賜帶、是前官而非後鬼也。二條者、二重也。一重爲龍虎、二重爲賜帶。或豎立而回頭、則名侍從官星。其從龍虎出爲前案之地、左右橫交、此爲金帶玉帶盤繞也。龍虎重數、收用每憑於心靈目巧、不左不右、適得其中。爲金爲玉、出相出將、胥在於此。重數愈多、其福愈厚。帶有金犀之分、金帶、當唐制之四五品官、犀帶、則六七品也。四重以上、爲極貴之徵、則三品以上、而知獲金玉帶之賜矣。屏列几後、次第不亂、以武曲托後頭、則公侯將相之應也。

祿存篇第三

祿存上形如頓鼓、下形有脚如瓜瓠。瓜瓠前頭有好峯、此是祿存帶祿處。大如螃蟹小蛛蜘、此是祿存帶殺處。殺中若有橫磨劍、此是權星先出武。

【師青曰】：此言祿存頭平身聳、體圓如鼓、枝脚屈曲、狀如瓜瓠也。瓠上細下粗、形多擁腫、破軍篇有云：武曲破如破廚櫃、身形擁腫崩形勢、廚櫃擁腫、當是武曲、其崩破處、則兼破軍、此篇頓鼓、即武曲之擁腫、故下文云：頓鼓微方似武曲、正以其本爲武曲、但有足、故爲祿存耳。祿存例以帶祿爲吉、上形雖如頓鼓、下形有脚則爲祿存。其脚如瓜瓠、前頭有好峯、或貪或巨、或武或輔弼、本無一定、但帶三吉五吉者皆吉、而皆命之曰帶祿也。如此退却剝換、定爲貴龍。若所帶之小峯、既多枝脚、復見尖利、橫脚旁出。如螃蟹如蜘蛛、不帶小貪小巨、是謂無祿、既不帶祿、則必帶殺矣。倘所帶如尖刀、如劍戟、形屬破軍、則爲權星、權本或作殺、攷天文志：斗魁第四星曰權、引石氏星經云：北斗第五星曰殺。主中央、助四旁、殺有罪、是權殺兩名、皆主出武。但武亦有分辨、其剝換帶祿者、將相公侯、其戈矛亂出不復帶祿者、爲判亂赤族、固有不同也。

大龍大峽百十程、寶殿龍樓去無數。忽逢此等入長垣、萬仞打圍君莫顧。痴師偷眼旁睥睨、識者默然佯不睹。若然尖脚亂如矛、喚作蚩尤旂爪距。小圓帶祿圍本身、將相公侯出方虎。大抵星辰嫌破碎、不抱本身多作怪。端正龍神須無破、醜惡龍神多破敗。怪形異穴出凶豪、殺戮平民終大壞。草頭作亂因此山、赤族誅夷償命債。只緣龍上有欃槍、賊旂倒側非旌幢。旌幢對對端正立、獨立欹側名欃槍。

【師青曰】：此段論祿存帶殺多凶、小圓帶祿爲吉。百十程者、百爲百里、十里爲一程、百十程、謂一百里至二百里也。尖者爲樓、平者爲殿、乃廉貞也。祿存挾廉貞、則一二百里內、皆帶殺之龍、尚待退却、未曾成地也。長垣者、行龍之羅城也。萬仞指樓殿之高、打圍言瓜瓠之多、然皆帶殺、何足顧哉。癡人偷眼、識者若不睹也。尖者破軍、亂者祿存、如戈如矛、擬以星辰、則彗星中之蚩尤旂也。祿存帶破軍、則其脚如鷹爪如雞距。

史記五帝本紀：蚩尤暴虐、黃帝伐之、戰於涿鹿、遂擒殺之。春秋運斗樞曰：璇星散爲蚩尤旗、孝經緯曰：蚩尤星在井宿中、出月左方、長十七丈、其下有大戰。小圓者、巨門也。巨門帶祿、則爾公爾侯。方、方叔、虎、召虎、皆周宣王時中興名臣。一則伐玁狁、蠻荆懷威。一則平淮夷、叛亂率服。蘇子瞻石鼓歌所謂方召聯翩賜圭卣者此也。楊公特提帶祿之吉、所以辨帶破之凶也。端正與醜惡、相去何止天壤耶。草頭作亂、終必誅夷。草頭木脚、指奸邪之隱語、魏泰碧雲騢：稱梁適與蘇紳之姓也。相冢書載靑烏子曰：山望之如雞栖、葬之滅門。漢之赤眉、黃巾、唐之黃巢、其毒流天下、所被殺戮生民無算。然終膏斧鉞而不能逃者、乖戾之氣有以致之也。欃槍、卽彗星、晉書天文志曰：妖星一曰彗星、所謂掃星、本類星、末類彗、小者數寸、長或竟天、見則兵起、與蚩尤同。凡此等龍、觀其枝脚、則亂矛奔竄、觀其星辰、則破碎醜惡、結出怪形異穴、主生反賊流寇、故明師不取焉。復言賊旂倒側、與旌幢端正不同、蓋欹側則爲欃槍、一篇之中、極丁寧致意焉。

頓鼓微方似武曲、武曲端正下無足。有足周圍眞祿存、圓盡方爲武曲尊。

【師青曰】：此言祿存頓鼓微方、形似武曲、而不得稱武曲者、脚有別也。以有足定爲祿存、無足定爲武曲。圓盡者、不惟無足、且無瓜瓠也。同一頓鼓、而武祿判然。圓盡、他本多誤作圓淨、不知圓盡二字、與上句周圍二字合看、恰相反對、各有分疆也。若作圓淨論、則瓜瓠亦何嘗不圓淨耶。楊公經文、一字千金、千金不能易一字。若葉九升輩、於此句更訛爲無足方爲武曲尊、則更支離雜沓、不可解矣。

龍家最要子細辨、疑似亂眞分背面。背似面非豈有眞、此是祿存大移轉。凹處是面凸是背、作穴分金過如綫。凡看星辰看轉移、轉移須教母顧兒。枝分派別有眞種、忽作瓜蔓無東西。十里半程無岡嶺、平陽砂磧煙塵迷。到此君須看水勢、水勢莫問江與溪。只要兩源相夾出、交鎖外結重重圍。祿存好處落平漫、大作方州小鎮縣。坪中時復亂石生、或起橫山或梭面。此處或如輔弼形、輔弼無枝祿生辦。祿是帝車第三星、也主爲文也主兵。

【師青曰】：此言龍家看龍、須要子細、在疑似之間、看其面背、則得其眞矣。貪狼之似廉破、祿存之似巨武、皆橫直相同、而吉凶天壤者、面不同也。如看祿存、背面皆祿存、則眞祿存矣、背似祿存、則面已移轉、而剝換三吉矣。不知轉移、則所謂鳥已翔於廖郭、而羅者猶視乎藪澤、不亦愚乎。葉九升註轉移爲剝換、本屬不錯、特其語焉不詳、而范宜賓謂其反經失義、彼實不知龍之面背不同、轉移間而脫凶變吉也。何謂背面、面爲陽而背爲陰、陽質虛故爲凹、陰質堅故爲凸、看掌之面背可知也。眞龍之氣、百變而不離其宗。貪狼篇云：大抵九星有種類、生子生孫巧相似。故雖經剝換、胎息猶存、骨氣自眞、而迴顧有情也。故雖枝分派別、自有眞種、在山則如瓜瓠、落平則成瓜蔓。兩源相夾、交鎖重圍、則穴眞而吉矣、正祿存之好處也。大爲方鎮、小爲州縣、唐之制也、此云方州、又云鎭縣、交互成文也。復生亂石、是祿廉什雜之性、猶有存者也。起橫山、成武曲也、或抛梳、或飛梳、輔弼二星兼有之形也。若左輔抛球、右弼躍鯉、枝脚衆多、則確爲祿存、不可混於八曜矣。史記天官書曰：斗爲帝車、運於中央、臨制四鄉、祿應乎第三星矣。主兵者、主武也、文武將相公侯並列也。

九星行龍皆要祿、最要夾貪兼巨軸。或從武曲左右起、此等貴龍看不足。若逢此星遠尋穴、莫向高山尋促局。若遇九星相夾行、只分有足並無足。燕雲下嶺出九關、中帶祿存三吉山。高山峽裏多尖秀、也有圓祿生孱顏。君看山須分種類、亂指橫行作正班。祿破二星形無數、也有正形落低處。也有低形上隴頭、雜亂分形君莫誤。形在高嶺爲高形、山頂上生祿存星。形在平陽山卓立、頂矮脚手亦橫平。頂上生形頂必立、平地生形脚亂行。請君看我細排列、禍福皆從龍上生。

【師青曰】：此言九星行龍要祿存、以其枝脚多而纏護衆也。鮑明遠蕪城賦曰：軸以崑崗、文選注曰：類車軸之持輪也。祿存剝換成三吉、爲極貴之龍矣。看不足者、看不厭也、白居易長恨歌：盡日君王看不足、義亦卽此。落處須尋一百里、不但廉貞爲然、破祿亦然也。有足者、皆爲祿存、須分別觀之。燕卽嬀州、雲卽雲州。古有九塞、淮南子墜形訓；九塞。大汾、澠阨、荆阮、方城、殽阪、井陘、令疵、句注、居庸。九關之稱、大率指此也。經言入契丹之東龍、乃祿存帶祿。圓祿孱顏、只從峽中得其大畧耳。種類是嫡枝、橫山是關峽、不可作正班觀之。隴頭者、卽下文所言大行泰山之祿存。爲禍爲福、看我細細安排、便可得其詳矣。

第一祿存如頓鼓、脚手對對隨身去。平行有脚如劍鋒、旌節幢旛排次序。此等星辰出大江、中有小貪並小巨。輔弼侍從左右生、隔岸山河遠相顧。此是神龍作州縣、雄據十州並一路。忽然諸山作垣局、更求吉水爲門戶。若得吉水爲門戶、萬水千山不須做。

【師青曰】：此接上段經文、請君看我細排列一句、因祿存有九起、形各不同、於是次第分述如下。第一爲武曲祿存、上文云：頓鼓微方似武曲、故知形如頓鼓者爲武曲也。脚手即祿存之瓜瓠、祿存以帶祿爲貴、今對對隨身、則非破碎而不抱本身者可比矣。成旌節則非倒側、成幢旛則非賊旂。排次序則對對端正。此皆祿存帶祿也。出大江則非高山促局。小貪小巨、即上文所謂瓜瓠、前頭有小峯、小圓帶祿圍本身者也。武曲出龍、須左右有輔弼爲侍從。隔岸山河遠相顧者、疑龍篇云：大凡幹龍行盡處、外山隔水來相顧。蓋帶祿祿存、既出大江、則共祖之纏護、至此來纏、爲朝案、爲水口矣。龍勢雄厚、迤邐連綿、可並十州爲一路而結聚也。吉水爲門戶、謂水口關闌也。以關闌重數之多少、而定其垣局之大小。果重數既多、則千山萬水皆入朝矣、故云不須做也。

第二祿存如覆釜、脚尖如戟周冋布。有脚方爲眞祿存、無脚名爲祿推巨。高山大峽開三門、此星定是有威權。

【師青曰】：此巨門祿存也。巨門篇云：巨門星峯覆鐘釜、此之謂也。夫脚尖即祿存、如戟則挾破軍矣。破軍篇有言：不爲尖刀則劍戟、故知其兼破也。脚前有巨門、則又爲推巨矣。高山大峽開三門七字、徐之鏌誤置於第五祿存之末、他本亦有置於第五祿存末句之上、竄亂經文、亟宜訂正。今案本經上文、脚尖如戟、顯挾破軍、與尖脚如矛之帶殺何異。未有不經退卸、遽能入穴者。安得有白手成家積巨富之文、可以加入者哉。且此句文理譾陋、絕非楊公手筆。推其謬妄、或因壟書有形如覆釜、其顚可富、而上文既言如覆釜、則必是富龍、故刪此一語、於權威之下、接言巨富。而諸家較訂、既不能以覆釜巨富爲非、又不敢刪去高山大峽原文、均附於第五祿存之條。蓋此條文法既短、是以疑其脫落也。不知彼條與第三祿存、皆語意完具、無可附贅矣。何謂三門、即三台之三重也。垣局篇有云：華蓋三台相後先、覆釜而有脚周迴、即華蓋也。右輔篇曰：華蓋三台前後衛、豈虛語哉。又云：若出天門是正龍、天門即華蓋、華蓋即高山之巨門祿存也。破軍篇云：上台中台下台出、行到六府文昌臺、此則尚須剝破軍左輔未即入穴也。但脚尖如戟、法主掌兵、威權之生、已在於此矣。

第三祿存鶴爪布、兩短中長龍出露。出露定爲低小形、隱隱前行忽蹲踞。有穴必生龍虎巧、醜陋穴形龍不住。

【師青曰】：此貪狼祿存也。鶴爪布者、貪狼篇云：帶舞下來鶴伸頸、此之謂也。龍之孤露者爲破祿之一種、後文以中國地脈出海者爲祿存、亦以其露風也。低則可以避風、乃帶祿之理也。貪以小爲上、從大剝小、最奇異也。隱隱前行者、引到平處、成蛛絲馬跡也。忽成蹲踞、小峯依舊起貪狼也。入穴必深藏不露、四山回抱、在外爲纏、城郭彎環、均從腰落、而龍虎生矣。若四獸不顧、在貪狼謂之凶亡。不抱本身、在祿存謂之醜惡。不曾成穴、更待退卸也。

第四祿存肋扇具、脚手又似扛絲勢。此龍只好結神壇、別有星峯生秀氣。

【師青曰】：此廉貞祿存也。其身摺疊、如肋如扇、肋、脅骨也、扇、摺扇也。此言祿存瓜瓠有如此之狀。破軍篇：其兼祿存者有兩脅、蛇行肋微露、是肋爲祿存。廉貞篇：傘摺犁頭裂絲破、此以祿存兼廉貞、故有脚手而兼裂絲如扛絲也。祿存挾廉貞、同爲四凶、是謂祿存無祿、合作神壇也。若有華蓋貪狼、星峯聳起、則主秀氣、而爲祿存帶祿矣。

第五祿存如懸鶉、破碎脚箒摺無數。此星便是行龍星、星平生枝自頂分。此龍只去平中作、橈棹回來斬關做。

【師青曰】：此破軍祿存也。如懸鶉者、破軍壁立側裂、壁立則懸、側裂則如鶉衣百結、是乃破祿合體也。上文云：大抵星辰嫌破碎、破碎則爲蚩尤、爲欃槍、成彗星、彗爲掃除、卽脚箒也。此非落平一二百里、不能化三吉矣。故曰：此星便是行龍星、凶龍不爲穴也。若剝換至星峯端平之後、再生枝脚、自頂分出三吉、乃成龍矣。九星惟右弼有吉無凶、以其神藏殺沒、平中可作也。橈棹回來斬關做者、何謂也、言只就其橈棹回來、見垣局回環而作穴、仍是斬關做法耳。疑龍經云：假穴斬關莫道眞、正穴正形都差了。又云：我今覆此舊墳隴、乃知垣局多回環。是雖橈棹回來、已成垣局、而斬關之穴、本經不以爲眞者、良以祿破並行、自非凶氣消磨、變生六秀、未免有凶敗之應故也。用四凶之威權、而不受四凶之禍害、此經之精微心法也。

第六祿存落平陽、勢如巨浪橫開張。他星亦有落平者、此星平地亦飛揚。脚擺時復生巨石、石色只是黑與黃。兩旁請看隨龍峽、長短大小宜猜詳。護龍轉時看他落、落處當隨水斟酌。右轉皆右不參差、左轉皆左無駁雜。朝迎指正眞穴形、左右高低君莫錯。祿存鬼形如披髮、雖曰衆多勢如掠。

【師青曰】：此右弼祿存也。右弼一星本無形、惟祿存有脚可辨。落平如巨浪、有飛揚之態。脚擺而生巨石、廉貞石骨稜層、此兼廉貞也。廉貞高燄赤黑、此云黃者、由赤而黃、退卸而入穴也。看兩旁之水夾流、是龍脊矣。大凡龍行多退卸、始則龍短水小、龍愈行愈長、水愈長愈大。退卸多則愈有力、故宜在此消詳。龍落看其枝葉周回、隨龍之水、亦須斟酌其環繞窩聚也。龍從左來穴居右、回來方入首。龍從右來穴居左、藏形如轉磨。不可不辨也。故朝案正指、必結好穴。左右低時在低處、左右高時在高岡、不可錯認也。鬼形如披髮者、山短枝多爲雉尾、不許鬼山空散漫、必也回頭抱穴、而髮之掠成而光澤不亂、雖曰衆多、可以取也。

第七祿存如長蛇、左右無護無欄遮。此龍定作貴龍從、枕在水邊自橫斜。

【師青曰】：此文曲祿存也。文曲蜿蜒如蛇行、無護送則獨自單行、無遮欄則少收拾、是祿存不帶祿矣。文曲篇云：困弱之龍無氣力、蓋不能卓立、全無剝換也。只合作貴龍之隨從耳。觀其散漫縱橫、亦不過生脚鎖錙流、枕在水邊而已。此節第三句定作二字、范葉二氏作非是、誤矣。

第八祿存在高頂、如戴兜鍪有肩領。漸低漸小去作穴、定作窠鉗極端正。此龍號爲八貴龍、捉穴眞時最昌盛。

【師青曰】：此左輔祿存也。高頂、高峯圓落也。兜鍪、說文訓爲首鎧。左輔形如幞頭罟飽面、則成兜鍪矣。有肩有領、則爲祿存帶祿矣。輔星正穴燕巢仰、所謂窠鉗正穴也。輔在北斗七星外、故以爲第八。左輔篇曰：入到垣中最爲貴、故謂之八貴龍也。龍貴穴眞、其昌盛何如哉。

第九祿存如落花、片片段段水尖砂。不作蛟潭爲鬼穴、定作羅星水口遮。

【師青曰】：此祿存正體、不兼他星、所謂祿存無祿者也。形像落花者、形家命名、指物係類。祿存多脚、似動物者、則有蜚蠻蜘蛛、如上文所言。今以植物爲譬、則有如上文云、輔弼無枝祿生瓣、枝與瓣、皆花木之名也。片片段段、皆醜惡破碎、既不爲祿、則不作蛟潭鬼穴之神壇、則爲羅星關水口矣。

天下山山有祿存、或凶或吉要君分。莫道祿存全不善、大爲將相公侯門。要知五嶽眞龍落、半是祿破相參錯。太行頂上馬耳峯、祿存身上貪狼龍。泰山頂上有日觀、上有月亭高一半。此是祿存上有貪、如此星峯孰能判。海中洲渚亦有山、君如論脈應難言。不知地脈連中國、遠出山形在海間。東出青齊爲東嶽、過盡平陽大江壑。地絡連延隨勢生、澗水止龍君莫錯。我觀破祿滿天下、九變分星無識者。君如識得祿存星、珍寶連城貴無價。

【師青曰】：此綜論祿存也。有脚皆爲祿存、故祿存多矣。兼三吉者固吉、然無四凶、則無威權。只要君能分辨耳。試看五嶽、皆具垣氣、破祿參錯、而力尤重也。禹貢：太行恆山、以太行與恆山山脈相連、此爲五嶽之北嶽山脈也。朱子語錄：河北諸州、皆旋其趾、過海便見太行山在半天、如黑雲然。括地志：太行連亘諸州、凡數千里、始於懷而終於幽、爲天下之脊。按今地學家、以汾河以東、碣石以西、長城黃河之間諸山、爲太行山脈、山西晉城縣南、有太行山、乃山脈主峯也。顧祖禹方輿紀要曰：直隸保定府完縣、馬耳山在縣西三十里、高聳千雲、有兩峯並峙、狀若馬耳。東坡詩：試掃北臺看馬耳、未隨埋沒有雙尖、則馬耳之尖可知。太行脚手甚多、皆是祿存、馬耳尖聳、是祿上起貪、而爲兼星矣。日觀、泰山頂觀日出處也。應劭漢官儀曰：東山頂名曰日觀。地名大辭典；日觀峯、即山東泰安縣泰山頂之東巖、一名東山、因其可以東觀日出也。月亭之名、無可稽攷。攷光武封禪、上至日觀、乃是至高之處、不得此上更有月亭、果若所云、近於塗說。經文傳寫多誤、月字或爲云字之訛。云字行草有類於月也。又經文上有月亭高一半、上有應是下有之誤、若不加考正、終古無人解矣。管子曰：封泰山、禪云云、封泰山、禪亭亭、云云亭亭、乃泰山下小山也。以經義求之、此皆泰嶽祿存枝脚焉。夫以日觀爲最高處爲貪狼、云亭諸山、乃泰山枝脚爲祿存、是亦祿存上有貪狼者也。東北兩嶽、皆有兼星、則其餘可以類推、可知天下山山有祿存矣。九星分判於毫釐、兼體尤難識也。海中洲渚亦有山者、列子曰：勃海之東、不知幾億萬里、有大壑焉。其下無底、名曰歸虛。其中有五山焉、一曰岱輿、二曰圓嶠、三曰方壺、四曰瀛洲、五曰蓬萊。海中三神山、亦具見於史記封禪書。論脈雖難言、然高麗百濟日本朝鮮、其地脈皆出遼東、豈非地脈連中國耶。東出青齊、謂嵩山正脈、東出靑齊也。大江壑者、大壑也、郭景純江賦曰：淙大壑以沃焦是也。何謂地絡、新唐書天文志曰：天下山河之象、存乎兩戒。南戒自岷山嶓冢負地絡之陽、河源自北紀之首、循雍州北徼、達華陰而與地絡相會、中國地絡、在南北河之間、首自西傾、極於陪尾、東井居兩河之陰、當地絡之西北、輿鬼居兩河之陽、當地絡之東南、則又章章可考者也。澗水、爾雅曰：山夾水曰澗、釋名曰：澗、間也、言在兩山間也。葬書曰：過水止來龍。又曰：前澗後岡、龍首之藏。是龍脈止於澗水也。破祿分星、無有識者、誠以四凶無三吉則不美、三吉無四凶則不威、求三吉而不辨四凶、此皆無知之甚者也。識祿存則知天下之山無非祿存、祿存帶祿不帶祿、可一覽而知、如獲連城珍寶矣。

文曲篇第四

文曲正形蛇行樣、若作淫邪如撒網。此星柔順最高情、形神恰似生鱔樣。問君如何生此山、定出廉貞絕體上。問君如何尋絕體、本宮山上敗絕氣。問君如何尋本宮、寶殿之下初出龍。

【師青曰】：文曲蛇形、以其行蜿蜒、水星所變也。水星動盪汜濫、故有淫邪之喻。水性柔、人喜玩之、故多情。蛇與鱔爲一類、蛇夭矯而鱔緩弱耳。文曲生於廉貞、廉貞獨火、非水不化其剛氣、故廉貞之下、必出此脉、水火旣濟也。絕體者、絕頂之體也。高頂嵯峨、惡石嶙峋、不生草木、乃敗絕之氣、故稱絕體。本宮者、廉貞也、廉貞爲龍樓寶殿、辭樓下殿、出龍則爲文曲、設非文曲、則敗絕之氣、從何變換耶。

認得星峯初出面、看得何星細推辦。九星皆挾文曲行、若無文曲星無變。變星便看何星多、多者爲主分惡善。

【師靑曰】：此言文曲星峯出面時、於其出脈分星處、須要認淸。蓋九星皆挾文曲而行、藉文曲輭動而變他星也。變星有多少、善惡不同、而以多者爲主。分別善惡、則貪狼爲文、廉破爲武、武曲爲貴、巨門爲富、貪巨武爲吉、破祿廉爲凶。由凶剝吉者善、由凶剝凶者惡、文曲不變者惡、變而卓立者善、可不細細推辨耶。

文曲星柔最易見、每遇旺方生側面。側面成峯身直行、直去多如絲雜綫。此星山骨少星峯、若有星峯輔弼同。平地蛾眉最爲吉、半嶺蛾眉最得力。若有此星連接生、女作宮嬪后妃職。男家因婦得官班、又得資財並美色。凡起星峯必有情、自然連接左右生。若是無峯如蟮樣、死龍散漫空縱橫。縱饒佳處有穴形、社稷神廟血食腥。若是作墳並建宅、女作花枝逐客行。男人破家因酒色、女人內亂公訟興。變出瘵勞鬼怪病、令人冷退絕人丁。

【師青曰】：文曲若蛇行、蛇行故面側。旺方者、三吉也。閃側透迤而成星峯、直行則散亂、如絲如綫矣。骨少星峯亦少、若成星峯、必假輔弼之面、平地蛾眉、是文曲兼右弼、半嶺蛾眉、是文曲兼左輔、則左爲最吉而右爲得力矣。蓋此星變作蛾眉接續而生、則女應宮嬪后妃。毛詩：螓首蛾眉、以詠莊姜、是主女貴也。若應男家、則因婦得官、而膺駙馬郡主之榮。倘直行無峯、終如蛇蟮、則爲死龍、縱橫散漫、吾無取焉。縱住處有穴形、不過爲社壇神廟、若是作墳建宅、則淫邪之應、女爲娼妓逐客、男因酒色破家、馴至內亂興訟、勞瘵鬼病、亦陰柔之氣所中也。水位北方、凝寒不生、故絕人丁也。

困龍坪下數十里、忽然卓立星峯起。左右前後忽逢迎、貪巨武輔取次生。只得一峯龍便活、蛾眉也變輔弼形。平行雖云變輔弼、只是低平少威力。若得尊星生一峯、便使柔星爲長雄。男人端貌取科第、女人主家權勝翁。

【師青曰】：文曲陰柔、有困弱之象、故曰困龍。假使卓然星峯突起、則爲大貴矣。左右逢迎者、天關地軸兩邊迎也。前後逢迎者、一重入帳一重出也。一經剝換、而生五吉。縱僅得一峯、龍便不散漫而活、不可以困龍比矣。形成蛾眉、則作輔弼看、若得尊星生一峯、則更不同矣。破軍篇云：尊星雖云有三吉、尊星卽三吉也。尊星故貌端、水秀故科第。陰柔而能卓立、故女人主家也。

大抵尋龍少全格、雜出星峯多變易。輔星似巨弼似文、長短高低細辨識。莫道凶龍不可裁、也有凶龍起家國。盖言未識閒星龍、貪中有廉文有弼。武有破軍閒斷生、祿存或有巨武力。十里之中卓一峯、小者成大弱成雄。此是龍家閒星法、大頓小伏爲眞蹤。一山便斷爲一代、看在何代生閒龍。便看此星定富貴、困弱生旺隨星峯。困弱之龍無氣力、死蟮煙包入砂礫。十里百里無從山、獨自單行少收拾。君如識得閒星龍、到處鄉村可尋覓。龍非久遠少全氣、易盛易衰非人力。

【師青曰】：此謂文曲之閒星也。顏師古曰：閒者、中閒也。或八九百里、或千里。此經文稱閒星所本也。辭源：閒、皆山切、音艱、亦作間。在四方之中曰中。在二者之間曰閒。禮、一動一靜者、天地之閒也。文曲不能自成星峯、必須變易、假他星以卓立、故曰雜出也。九星雜出、須細辨之。高卽爲巨矮爲輔、是輔似巨也。若有星峯輔弼同、是弼似文也。巨長而高、輔短而低、弼雖低短、較文高長、不可不辨也。破祿廉文原爲凶龍、惟龍中亦有五吉、經曰：莫道祿存全不善、大爲將相公侯門、是祿存亦吉也。貪狼若非廉作祖、爲官也不到三公、是廉貞亦吉也。此龍富貴生公侯、五換六移出宰輔、是破軍亦吉也。凡此皆凶龍能起家國之證也。貪中有廉、廉者貪之嵯峨也。文中有弼、弼者文之散漫也。身形擁腫奔形勢、是武曲破軍也。武生摺痕則成破、破生六秀亦爲武、所謂閉斷而生者也。祿存或有巨武者、巨武生脚即祿存、祿存帶祿成巨武、彼此相成也。雄據十州並一路、是有武曲之力、將相公侯出方虎、是有巨門之力也。文曲卓起一峯、則化小而爲大、變弱而成雄矣。何謂頓伏、頓者由小而大、伏者由大而小也。圖墓書曰：小頓大起、千里相牽、此之謂也。生旺者、三吉尊星也。破軍篇云：帳裏戈矛出生旺、亦謂三吉也。困弱爲生旺之反、散而無力、死而無氣也。死蟮便非蛇行、烟包不類撒網、無從無護、則爲單行、十里百里、而能收拾者少矣。故凡困弱須閒以雄强、解此便知尋覓、鄉村處處有之。九星具而後氣全、一形不具、便減氣力。若只耽其秀麗、而忘其薄弱、不能濟之以剛、則味盛衰之理矣。

廉貞篇第五

廉貞如何號獨火、此星得形最高大。高山頂上石磋峨、傘摺犂頭裂絲破。只緣尖燄聳天庭、其星炎炎號火星。起作龍樓並寶殿、貪巨武曲因此生。古人深識廉貞體、喚作紅旂並曜氣。此星威烈屬陽精、高燄赤黑峯頭起。

【師青曰】：廉貞、火神名也。其形嵯峨高大、尖燄有石。怪石嶙峋、峯頭赤黑。氣燄高張、象傘之尖。亦象犂頭。火星爲五星之一。相冢書曰：青烏子稱山有重叠、望之如鼓吹樓、卽此經所謂樓殿鼓角之形也。太平御覽曰：崑崙之墟、有五城十二樓、河水出焉、城樓卽此經樓殿之形也。是崑崙爲廉貞起祖、故天下之山以樓殿爲貴。如紅旂高豎、故曰曜氣。易以離爲火爲日、乃陽之精也、亦曜之氣也。火燎則赤、火滅則黑、紅與赤義同、皆火之色也。

高尖是樓平是殿、請君來此細推辨。亂峯頂上亂石間、此處名爲聚講山。聚講旣成卽分去、分宗拜祖迢迢路。尋龍尋嫡更尋兒、龍來此處最堪疑。卻來此處橫生嶂、形如帳幕開張樣。一重入帳一重出、四重五重如巨浪。帳中有綫穿心行、帳不穿心不入相。帳幕多時貴亦多、一重只是富豪樣。兩帳兩幕是貴龍、帳裏貴人最爲上。帳中隱隱仙帶飛、帶舞低垂主興旺。天關地軸兩邊迎、異石龜蛇過處往。

【師青曰】：尖而獨高者龍樓、平者寶殿也。細推辨者、推辨其辭樓下殿之脈也。亂峯亂石所聚、謂之五星聚講。旣成聚講、於是乎有枝幹之分。祖者、衆枝同爲其所出也。宗者一枝之所出也、宗者祖所出、兒者宗所出、嫡者正出之稱也。龍以正出爲貴、側出爲賤、側生旁挺、則同於支庶矣。最堪疑者、謂嫡庶不易辨也。樓殿下分去之處、橫於帳幕、其貴可知。迭去爲出、迎來爲入。四重五重、正如葬書所謂：勢如巨浪、重嶺疊嶂也。巨浪卽水、水中有文曲之脈如綫、有綫穿心、挾文曲以行者也。不穿心則旁出、不能出宰相矣。帳多貴亦多者、巨門篇論賜帶、重數如多賜亦多、卽此義也。若只一重、又與巨門篇所謂：一重護衛一代富、其理正同。得兩重帳幕、便爲貴龍、所謂兩重亦作典專城也。

帳裏有貴人、貴人爲貪狼所變、所謂生出貪狼由此勢者此也、焉得不爲上貴乎。仙帶爲文曲蛇行所變、帳中出帶微飛揚、則九星皆貴有此脈。帶舞低垂鶴伸頸、下嶺解生朱素客、貪狼篇言之詳矣。天關卽天門、所謂此是天門龍出序也。地軸卽水口、所謂破祿有地軸者也。異石成形、龜爲左輔、蛇爲文曲、皆爲水口關闌者也。

高山頂上有池水、兩邊夾得眞龍行。問君高山何生水、此是眞龍樓上氣。樓殿之上水泉生、水還落處兩邊迎。眞龍卻在池中過、也有單池在旁抱。單池終不及兩池、池若傾崩反生禍。池平兩水夾又清、此處名爲天漢星。天漢天潢入閣道、此星入相居天庭。更有衛龍在高頂、水貼龍身入深井。更無水出可追尋、或有蒙泉小如鏡。

【師青曰】：天下之山、以有天池者爲貴。山海經稱崑崙虛上有玉泉華池、卽此經所謂天池衛龍者也。天池在九星之外、若華蓋三台之類、爲垣局之一物、別立其名、故樓殿雖屬廉貞、天池則非廉貞也、當分別觀之。池邊之迎龍屬左輔、卽侍衛龍也。池中有龍、此兩池也。龍從左右旁出、此單池也。單池未成垣局、不及兩池之貴。池若崩竭、旺氣銷歇、郭景純占琅邪王氏墓云：淮水竭、王氏滅、可資爲證焉。兩池名天漢、象天漢兩河也。毛詩雲漢疏曰：河精上爲天漢、晉書天文志曰：天漢起東方尾箕之間、謂之漢津、乃分爲二道。兩邊有池、故曰夾而又淸也。單池名天潢、漢書天文志曰：西宮咸池曰天五潢、晉書天文志曰：五車五星曰天潢。閣道六星、在王良前飛道也。一曰閣道星、天子游別宮之道也。天漢天潢近閣道星、閣道象禁城複道、其貴必至入相焉。天庭、天子之庭也、班孟堅答賓戲曰：未仰天庭、而覩白日、天庭之義可知也。更有衛龍在高頂、此言衛龍池也。巨門篇所云：衛龍帖體不敢離、中有泉池暗流入、此之謂也。衛龍篇曰：天池之水滿不溢、侍衛之水隨龍入、深入坎井不門聲、恰似尾閭沒無跡、可以互參也。蒙者、穉也、易曰：山下出泉蒙、故以泉小者爲蒙泉、於義自明。

看他辭樓並下殿、出帳聳起生何形。應星生處別立形、此是分枝劈脈證。祖宗分下分兄弟、來此分貪識眞性。分貪之處莫令差、差謬一毫千里迥。筝尖貪狼從此出、鐘釜枕梭巨輔弼。方峯是爲武曲程、最要來辨嫡庶行。嫡庶不失出帳形、便是龍家五吉星。

【師青曰】：聚講既分、辭樓下殿、看其聳起何形、卽從應星而定。石申云：北斗第七星曰部星、亦曰應星、應星之義本此。枝分脈劈、不復名廉貞矣。同宗分下者爲兄弟、廉貞以貪狼爲嫡派、眞性固在此也。脉從帳之中央出者、謂之貪、否則差矣。易曰：差以毫釐、謬以千里、故君子不可不愼其始也。貪狼既出廉貞、則成筍尖、最爲奇異。巨門篇云：巨門星峯覆鐘釜、高則爲巨矮爲輔、又曰：巨爲墜珠玉枕形。左輔篇云：曲曲飛梭草藏跡。爲巨爲輔、卽從此辨。右弼篇云：抛梭馬跡綫如絲、則右弼之形又可知矣。方峯爲武曲、武曲篇云：方峯或如四角帳、此言更爲確鑿。出帳不必定剝貪狼、爲以中出爲嫡、旁出爲庶。宜中出者出於帳中。宜旁出者、出於帳角。此爲不失嫡庶之分。凡合五吉星者、則皆吉矣。

廉貞惡名衆所畏、不曉眞陽火裏精。此龍多向南方落、北上衆山驚錯愕。低頭斂衽出朝來、莫向他方妄參錯。凡是星峯皆有石、若是土山全無力。廉貞獨火氣衝天、石骨稜層平處覓。

【師青曰】：廉貞石頂嵯峨、人皆知其爲凶而畏之。不知曜氣發露、上應太陽之眞精。向南方落者、中國地勢、西北高而東南低。由北而南、其勢順、故曰落。龍翻身逆而向北、形成顧祖之勢。於是衆山驚起、斂衽而朝、則顧祖之穴在是。而龍樓寶殿之可貴、洵不虛也。如此天造地設之局、不可失之目睫之前、舍而之他。凡星峯有石則力量大。若是土山、雖有尖峰、只成貪狼、貪狼若非廉作祖、爲官也不到三公、正謂有土無石、所以無力也、廉貞尖焰聳天庭、自是石骨稜層、舍其崖岸之背、從其寬平之面如掌之處覓之、則凶氣換而三吉斯得矣。

廉貞不生吉星峯、定隔江河作應龍。朝迎必應數百里、遠望鼓角聲鼕鼕。

【師青曰】：此言廉貞若不分枝劈脈、剝換吉星、兀然高起、定爲遠隔江河之應龍。破軍篇云：廉貞若高龍不出、、多是爲應兼爲門、此之謂也。其必在數百里者、以廉貞落處須尋一百里也。爲門、則遠聞有鼓角聲矣。

凡見廉貞高聳石、便上頂頭看遠跡。細認眞龍此處生、華盖穿心正龍出。此龍最貴難尋覓、五吉要從華盖出。此等眞龍不易逢、華盖三峯品字立。兩肩分作兩護龍、此是兄弟同祖宗。兄弟便爲纏與護、前迎後送分雌雄。雌若爲龍雄作應、雄若爲龍雌聽命。問君如何辨雌雄、高低肥瘠事不同。低肥爲雌雄爲瘠、只求此處識蹤跡。

【師青曰】：火星若起廉貞位、必有嵯峨之高、尖燄之聳。須踞頂巔看其蹤跡、落於何處。此處者、眞龍出帳之處也。華蓋者、三峯並峙、中峯獨高。青烏子葬書有言：作墓發土、夢見罩繖入市者富貴、以罩繖形容華蓋、最爲切當。正龍出從華蓋穿心、當爲最貴之龍格。華蓋三台相後先、垣局篇已先言之矣。天門卽華蓋星。左輔篇曰：若出天門是正龍、五吉從此出也。不易逢者、以其爲最貴也。品字立者、指華蓋之品字言。左輔篇曰：尖圓皆是品字立、世人誤作三台求。本經不以品字爲三台、蓋三台乃三階六符、每台二星、共爲六星、不可不辨也。兩肩分作護龍、乃眞龍同祖同宗之兄弟、分爲眞龍之纏護。龍有雌雄、見於左傳、昭公二十九年、帝賜之乘龍、河漢各二、各有雌雄。龍家以兄弟龍稱雌雄、殆出於此也。相冢書曰：欲得雌龍地多子孫、不用雄龍墹。蓋雄龍出貴、雌龍多子孫也。若辨雌雄、則疑龍篇以低伏爲牝爲婦爲卑、以雄峙爲牡爲夫爲尊。與此篇本文、可以互參也。

眞龍身上有正峯、時作星峯拜祖宗。但看護送龍盤似、又有迎龍如虎踞。隨龍山水皆朝揖、狐疑來處失踪跡。水口重重生異石、定有羅星當水立。羅星外面有山關、上生下生細尋覓。盖緣羅星有眞假、眞假天然非人力。羅星傍水便生石、羅星端正最高職。

【師青曰】：眞龍有正出之峯、向前而行、時起小峯、向後顧祖。貪狼篇曰：中有貪狼小小峯、有時回顧火星宮、是也。眞龍將落結穴之候、從何認識、則看護送之龍、似青龍而盤轉、迎揖之龍、似白虎而蹲踞。則四獸欲聚矣。玄武落處四獸聚、貪狼篇所言可據也。隨龍山水、皆如朝拱。疑龍篇所謂揖在穴前爲我用者此也。龍當逆轉之時、來蹤去跡、易起狐疑、則求山大曲水大轉之處、方不失其蹤矣。尤有可據者、可從水口尋之。疑龍篇所謂到此先看水口山、破軍篇所謂必有羅星在水間者也。羅星當水立、異石重生、羅星外又有關攔、觀其門戶之上生下生而局定。則穴之回結在內在外、更可識矣。然而羅星有眞有假、居內者假、在城口者眞、卓立者爲眞、破碎者爲假。眞假出自天然、非人力可能爲也。蓋砥柱灩澦之屬、皆石山也。羅星之形、有尖圓方匾、惟以端圓爲貴、故云最高職也。

廉貞多生顧祖龍、祖龍遠遠是朝峯。更看鬼脚囘顧處、護托須生數十重。送龍之山短在後、托山不抱左右手。纏龍纏過龍虎前、三重五重福延綿。纏多不許外山走、那堪長繞作水口。護送托龍若十全、富貴雙全眞罕有。尋龍千萬看纏山、一重纏是一重關。關門若有千重鎖、定有王侯居此間。

【師青曰】：廉貞所生之龍多顧祖、此廉貞之性也。祖龍翻作朝峯、而龍樓寶殿、遠遠在目矣。逆轉之龍、既看水口、卽當更看鬼星。正龍穴後若有鬼、隻隻回頭來護衛、所以論鬼必及護托也。送龍之山、誠以朝揖爲主、不須橈棹亂出、故曰短在後也。托卽鬼星、鬼星忌散漫、所以不出左右手而抱穴。觀巨門篇所云：要識眞龍鬼山短、緣有纏龍在後段、此之謂也。纏龍纏過龍虎前、愛其到穴前也。一重護衛一代富、重愈多而福愈厚也、故不許一條走出外邊。疑龍篇云：後纏抱來結水口、前頭生脚來相湊、持論正與此同。護衛纏繞如打圍、重重包裹外山歸、則爲十全矣。多一重纏山、卽多一重關鎖、關鎖千重、盡爲藩翰、王侯在斯。吾願尋龍者、毋負楊公丁甯致意焉。

廉貞已具貪狼內、更述此篇爲詳載。有人識得紅旂星、遠有威權近凶怪。權星斬斫得自由、不統兵權不肯休。若遇廉貞不起石、脚下也須生石壁。石壁是背面是平、平處尋龍出踪跡。貪巨武輔弼星行、出身生處是眞星。剝龍換骨凡九段、此是公侯將相庭。

【師靑曰】：此言廉貞之權威所由出。廉貞與貪狼、原是一家眷屬、於貪狼篇內已具言之矣、今復反復詳述之。廉貞爲火、故曰紅旂、此星威烈、故有權。相距宜遠不宜近、遠則有用、所謂須尋落處一百里也。近則高山促局、醜惡龍神、與破祿等耳。權星爲北斗第四星、北斗橫天、其貴不比尋常、故能統兵權也。假若廉貞不見石起、也須有石壁環生、生石壁立、爲破軍之性、則又宜於帶破處尋其脈焉。觀其帶舞低垂、應星生處、則辨其貪巨武弼星之形、看其剝換五吉、是否眞龍而分別取之也。九星變穴篇云：剝龍換骨星變易、蓋有九段、九段者、九星也。九變旣周、然後凶氣消磨、而三台六府之秀氣集焉、豈有不封侯拜相也哉。

紅旂氣燄威靈在、愚妄時師駭妖怪。權星威福得自專、縱入文階亦武權。廉貞一變貪巨武、文武全才登宰輔。廉貞不作變換星、子身亂倫弒君父。

【師青曰】：紅旂剝換而威靈猶在。就近觀之、畏其凶怪惡石、非愚則妄。權星威福、文武資兼、文階是貪狼之應、武權則廉貞之力也。一經剝換三吉、便毓全才、入則開府、出則擁旄、貴列三公矣。廉貞若不變換、正如祿存篇云：怪形異穴出凶豪、赤族誅夷償命債。臣弑其君、子弑其父、由來有自、可不戒哉。

武曲篇第六

武曲尊星性端莊、纔離祖宗卽高昂。星峯自與衆星別、不尖不圓其體方。高處定爲頓笏樣、但是無脚生兩旁。如此星峯止一二、方囥之下如驅羊。方囥或是四角帳、帳中出帶微飛揚。飛揚要得穿帳去、帳上兩角隨身張。枝葉不多關峽少、卻有護衛隨身防。帶旌帶節來擁護、旌節之峯多是雙。兩有刀劍同護送、刀劍送後前圓囥。離蹤斷處多失脈、拋梭馬跡蛛絲長。梭中自有絲不斷、蜂腰過處多趨蹌。自是此星性尊貴、護送此星來就體。每逢跌斷過處時、兩旁定有衣冠吏。衣冠之吏似圓峯、兩旁有脚衛眞龍。若是獨行無護衛、定作神祠佛道宮。

【師青曰】：武曲爲三吉之一、本經例以三吉爲尊星。武曲無足、不肯醜惡同於祿存、故端莊也。祖宗謂廉貞之龍樓寶殿。纔離則高昂、與衆星有別。於何見之、觀其體不尖不圓。蓋尖則爲貪狼、圓則爲巨門。廉貞篇：方峯是爲武曲程、則方者爲武曲矣。高如仍方莫如笏、頓笏乃武曲之最聳者也。祿存有脚、武曲無脚、祿武之分在此。方峯難成、故離祖宗以後、只見一二、蓋言不多見也。其餘則便剝換爲圓矣。武曲行龍、必假巨門、無全作方峯之理、巨門簇擁羣行、如羊被驅也。取象於羊者、羊身圓也。其間有方岡、則形如帳幕開張之樣。帳中出脈、飛揚如帶者、此指其剝換而爲文曲也。武曲端莊、帶從帳中出、尤爲貴徵。貪狼篇曰：貴龍多是中心出。廉貞篇曰：幛中有綫穿心行、可爲互證。武曲以巨門爲行龍、故枝葉不多而脚手短。當其出帳時、則左右兩角分出、隨身護衞、帶旌帶節、體甚尊嚴、旌者爲破軍走旂、節者爲貪狼笴峯。武曲有貪破夾護如此也。旌節多雙峯者、疑龍篇云、兩邊生脚未嘗偏、故左右均有背斜面直之飛峯之旌節、合而成雙。左右既有旌節、其旌節如走旗拖尾、即謂之帶刀劍。隋書禮儀志曰：漢自天子至於百官、無不佩刀。漢高賜蕭何劍履上殿、優禮大臣。刀劍護送、喻其顯貴也。刀劍送後前圓岡者、破貪夾峽、其正龍中出、剝爲巨門之圓岡也。離蹤斷處多失脈者、右弼篇云：八星斷處隱藏行、則此失脈處而隱藏有右弼星焉。蓋武曲剝巨門、巨門又退卸而爲右弼。欲斷不斷爲馬跡、東西隱顯爲蛛絲。此爲右弼貴脈也。多趨蹌者、喻兩旁護衞奔走不遑之象。每逢其跌斷過處時、兩旁必有擁護、擁護者、皆屬衣冠之吏也。大凡人形皆貪狼所變、衣者。貪狼之平圓不帶破軍也。帶破則懸鶉、今不帶破、則如人換衣裳也。冠者、貪狼帶左輔、上有幞頭者也。幞頭亦圓正。經言吏似圓峯者以此也。兩邊有脚者、上起而下生脚、疑龍篇所謂飛峯斜落是龍脚。若無護衞、則是祿存而非武曲。祿存尚須有纏、况武曲耶。故知其僅得淸高之氣、只合作神祠佛道宮耳。

平行穿珠行數里、忽然又作方峯起。方峯直去如橋杠、背長頗類平尖貪。平尖貪狼如一字、生在山頂如臥蠶。武曲橫從身中出、貪狼直去如僧參。夾輔護龍次第轉、眞龍在內左右函。此龍住處無高隴、間生窠穴隱深潭。獨在山峽中間去、穴落高岡似草庵。四圍若高來朝護、前案朝迎亦高舞。卻作高穴似人形、按劍端嚴似眞武。

【師青曰】：武曲方峯、本難數見。此言平行穿珠、即武曲藉巨門以行龍、巨門以蜈蚣節爲行度、形若穿珠。破軍篇云：平行穿珠巨門祿、即巨門帶祿存也。忽作方峯者、所謂生子生孫巧相似、雖幾經剝換、仍有鼻祖之骨氣存焉。橋爲水梁、杠、石橋也、即孟子所謂歲十月徒杠成之杠也。以其背長、有類於平尖貪狼。貪狼如一字者、直如一字也。生在山頂、又如臥蠶吐絲面前去、是直出之形也。武曲橫如一字、方正如屛、從屛身中出脈。貪狼直去、如僧之參佛、直行而合掌、從平如掌處出脈。武曲枝葉不多、夾輔卽在護龍、護龍在左右環抱、眞龍在內、如劍之在函。貪狼武曲之辨在於斯。然而貪巨若無輔弼落、高嶺如何住得龍。武曲高昂、亦無住於高隴之理。九星變穴篇云：輔星作穴燕巢仰、武曲既成輔弼之脈、則窠穴間生矣。獨是在山峽中間、穴落高岡、則又如草庵。疑龍經云：昂頭居隴首者此也。廣雅：釋庵爲舍、似草庵、如舍之有草以自覆奄也。武曲高昂、是爲穴後之屛帳、則穴雖高、不患其騰漏、有如草庵之在高阜、而不覺其高也。說文：案爲几屬、周禮：張檀案、疏曰：案謂牀也。四應前案、埜書稱之。故四圍高、前案朝迎、亦宜高舞也。高穴似人、端嚴按劍、則儼若北方玄武水神矣。

此龍若行三十里、內起方峯止三四。峯峯端正方與長、不肯敧斜失尊體。峯上忽然生摺痕、此與廉貞何以異。凡起星辰不許斜、更嫌生脚照他家。

【師青曰】：武曲行龍、必挾巨門、形如穿珠、行三十里止三四方峯、則十里而止一峯、峯端正而方長、不失尊體。與破軍篇所謂壁立側裂形傾敧者不同。若忽生摺痕、又如祿存篇云、破碎脚帚摺無數、是第五之破軍祿存。或傘摺犂頭裂絲破、則若廉貞之帶殺、須剝換者矣。武曲固不當有摺、亦不肯欹斜、貪篇狼云：斜枝側頂爲破面、以斜爲貪破合體、武曲斜、則兼破軍矣。更嫌生脚照他家者、蓋有足爲眞祿存、然必圓盡方爲武曲尊、無脚淨盡、是亦認武曲之一法。至於生脚偏出、便成破軍走旗、顧而之他、意不屬內、破祿雜體、未免有凶殺之嫌矣。

端峯若生四花穴、花穴端嚴要君別。眞龍直去向前行、四向謾成龍虎穴。此龍誤了幾多人、定來此處說眞形。要識四花穿心過、但看護衛不曾停。

【師青曰】：端正之武曲、亦須龍住、乃能成穴。葬書所謂：過水所以止來龍者是也。若只見其峯端正、而不知其龍之未住、便於前後左右作穴、則爲四種花假之穴耳。虛花左右似有情、最要辨別也。當眞龍直去、以四向之迎送、謾爲龍虎、猶未成穴、龍未住也。俗人往往躭於龍虎朝對之惑人、而不知禍福之差、侯虜只一間耳。然當正身潛在峽中、妄者指橫山而作眞地、又胡可得耶。所以要從四面花穴穿心而出之間、觀其護衛之停與不停、而武曲之穴、眞假自辨、不能逃吾目矣。

尊星自有尊星體、方正如屏將相位。武曲行龍少鬼刧、盖緣兩位多羅列。小公分處夾龍行、不肯單行走空缺。小公分處亂生枝、枝葉雖多夾水隨。護龍亦自有背面、背後如壁面平夷。平夷便是帖龍體、龍過之時形怪異。不起尖圓卽馬旗、攢劍蟠龍歸此地。護衛纏繞如打圍、重重包裹外山歸。至令武曲少關峽、護送無容左右離。明堂斷定無斗瀉、橫案重重拜舞低。平貪覆巨圓武曲、尖圓方整不能齊。三星尖圓方整處、向此辨別無狐疑。識龍須識辨疑處、識得眞龍是聖師。

【師青曰】：武曲尊星正體、無摺痕欹斜枝脚、不雜以廉貞破祿、方正如屏、若將相地位之端莊也。故龍行少戈矛亂走之鬼刧。蓋緣左右兩位、皆有護衛、故枝葉不多、蓋多處在於旁龍。小公者、兄弟龍也。嫡庶既分、位有大小也。或以爲上分八字、中間一脈、起小頂而去、卽世俗所謂梧桐枝个字也。龍不單行、必有護衛、有護衛故不空缺。小公生枝、爲旌節、爲刀劍。夾水者、夾界龍之水也。何謂背面、祿存篇云：凹處是面凸是背、疑龍篇云：面是寬平背崖岸、背面之分在此。護龍亦自有背面、面尊星而背外也。護龍於正龍過處、開面向之、所以帖龍體也。爲旗爲馬、拱護兩旁、近取諸身、遠取諸物、成形成象、尖者吾知其爲刀劍、圓者吾知其爲衣冠、雙旌雙節、合則爲馬、單旌單節、卓則爲旗。枝葉之多如攢劍、護龍之轉如蟠龍、皆歸此地、所以謂之怪異者此也。纏繞如打圍、包裹不出外。是武曲之護衛將停、與上文所述之花穴、相去奚啻霄壤耶。護送隨身、防衛不離、所以武曲尊星、雖關峽少而無妨也。何謂斗瀉、斗、他本或作陡、斗陡通用、或作斜、則傳寫之誤、本經當以斗字爲正。案後漢書竇融傳：河西斗絕、在羌胡中、章懷注：斗峻絕也。經斷明堂、謂無斗峻傾瀉也。前案高舞、按劍端嚴。故横案重重拜舞低也。平貪覆巨圓武曲、此句之圓字、高氏改爲似字、謂庸師欲伸其說、故改似爲圓、遂令讀者不能解云云。此高氏之臆斷、實未嘗深考、而不知有圓武曲焉。觀乎貪狼篇云：尖圓平直小爲上、上文謂武曲類平貪、以其圓也。祿存篇云：頓鼓微方似武曲、曰微方、則其形稍圓於方屏可知。又破軍篇云：武曲破如破厨櫃、身形擁腫崩形勢、擁腫亦圓身、然不能不謂之武曲也。由此推之、皆可爲圓武曲之證矣。蓋三吉皆有兼星、以尖貪、圓巨、方武曲律之、則不能劃一矣。誠以界於可貪可武之間、非巨非武之屬、安得不致狐疑。然而平貪仍有尖處、以其直行必尖也。覆巨仍有圓處、而其實非方也。圓武曲仍是方整、非眞圓也。

以尖圓方三法別之、又奚必狐疑耶。識龍須識辨疑、楊公叮嚀而教人以辨疑也。旣識眞龍、可爲師聖、聖者無所不通之謂。而勸勉備至焉。

破軍篇第七

破軍星峯如走旗、前頭高卓尾後低。兩旁失險落坑陷、壁立側裂形傾欹。不知此星出六府、上有三台遠爲祖。然後生出六曜星。貪巨祿文廉武輔。三台星辰號三階、六星兩兩魚眼挨。雙尖雙圓如貪巨、卻在絕頂雙安排。雙尖定出貪狼去、雙圓生出巨門來。上台中台下台出、行到六府文昌臺。文昌六星如偃月、穿排六星似環玦。平頂上頭生六星、六處微堆作凹凸。凹中微起似六星、生出九星若排列。

【師青曰】：走旗拖尾是破軍眞形。下文又云走旗拖尾、則從貪狼而拖尾也。貪狼篇曰：斜枝側頂、爲破軍面。破軍以貪狼爲上形、以走旗爲下形、猶祿存以頓鼓上形爲武曲、以瓜瓠下形成祿存、同一義也。雖破軍不僅以貪狼一星爲兼體、其必以貪狼爲主者、蓋破軍以帶破爲主、兼三吉則帶破、此無異於祿存以頓鼓爲主、取其帶祿也。前高後低、於法爲倒行、貪狼篇謂兼破軍則倒、面尖而身直去、成爲破軍矣。險而不平、是貪狼之崩崖而爲破軍、坑陷爲貪狼之巖穴、巖穴險阻、亦屬破軍、則非平夷之三吉。壁立側裂傾欹。亦卽貪狼篇所謂破軍也。人皆以破軍爲凶、不知北斗杓端之星、與北斗諸星、同出於六府之下、而不可棄也。苟得其用、亦爲貴徵。何謂六府、卽文昌六星也。周禮大宗伯、賈公彥疏、引武陵太守星傳曰：文昌宮六星、第一曰上將、第二曰次將、第三曰貴相、第四曰司命、第五曰司宗、第六曰司祿。晉書天文志曰：文昌六星在北斗魁前、天之六府也。三台又名天柱、上台司命、爲太尉。中台司中、爲司徒。下台司祿、爲司空。晉書天文志又曰：三台六星、兩兩而居、起文昌而列抵太微。西近文昌二星曰上台、次二星曰中台、東二星曰下台。生出六曜者、言三台六府生六曜、乃至破軍。三台六府皆貴星、則北斗七曜非不貴也。貪、巨、祿、文、廉、武、破爲七曜、稱六曜者、不計本身破軍也。輔不入七曜者、以輔乃第六星之旁、不入北斗七星之內。所以九星有輔、六曜不數之、以足七曜也。三階又名泰階、應劭曰：泰階者、天子之三階也。每台二星、如魚比目。星象如此、則山形肖之者亦如此也。尖是貪、圓是巨、倘若安排在絕頂、是爲凹中出脈、雙腦合氣。本經卽以此爲三台、但上中下三節俱備、乃爲眞三台。行到六府文昌臺、由三台出六府也。六府星卽文昌星、文昌何以言臺、攷舊唐書職官志：光宅元年九月、改尙書省爲文昌臺、左右僕射、爲文昌相。則文昌之貴顯可知。太平御覽大象列星圖曰：文昌六星在半月形、則偃月之言可據也。環玦者、半環爲玦、古者雜佩之屬。文昌六星象偃月、其形如玦、實出於此。若然上頭有六處凹凸微堆之形、此則術家所謂六腦芙蓉幛、即文昌星也。由此類推、六府排列、可生九星、此又術家所謂九腦芙蓉也。

破軍皆受九星變、逐位生峯形象現。山形在地星在天、眞氣下感禍福驗。尊星頓起眞形了、枝葉皆是祿存占。尊星雖云有三吉、三吉之餘有輔弼。不知三吉不常生、百處觀來無一實。蓋緣不識破軍星、只說走旗拖尾出。走旗拖尾是眞形、若出尊星形變生。與君細論破軍體、逐一隨星種類名。

【師青曰】：破軍雜入九星之中、而受其變、九星中有欹斜側裂之處、此等處仍有破軍之面存焉。凡星峯逐生、各具其體、山在地、星在天。易經曰：在天成象、在地成形、變化見於此矣。既經變化、則三吉了然、故曰尊星頓起也。出斜枝者屬破軍、有枝葉者爲祿存、比比皆是、蓋龍無破祿、則不成龍也。三吉尊星、既不常生、故百不得一觀。龍之所兼者、破祿爲多。若必以三吉求之、則行遍寰區、無一地可取矣。故術家須識破軍帶破之無異於三吉。若惡其走旗拖尾、則不識破軍之正形、變生剝換、而成三吉、爲破軍帶破也。與君細論者、取各星兼破者、逐一推詳、以曉喻後人也。

貪狼破軍如頓旗、一層一級名天梯。頂尖衝前有巖穴、伸頸猶如鷄乍啼。頂頭有帶下巖去、引到平處如蛛絲。欲斷不斷馬跡過、東西隱顯梭中絲。三吉之星總如此、此處名爲吉破地。過坪過水皆如是、定有泉塘兩夾隨。貪下破軍巨門去、去爲垣局不須疑。

【師青曰】：貪狼之體高聳、頓旗亦勢聳而卓立、破軍之首頓旗、爲貪之所變、亦猶祿存之首頓鼓、爲武曲之所變也。分層分級、爲天梯格。頂尖爲貪、餘則破軍、前高後低、其勢衝前岩而有穴。卽貪狼篇七種破軍、所謂巖空者也。仍帶凶强之氣、以其有壁立側裂之狀。貪狼之鶴伸頸、則作勢出脈、爲帶破之初。貪狼帶舞下來、帶舞於九星爲文曲。破軍剛暴、得文曲柔順、剛柔調和、戾氣始銷。蛛絲若有若無、馬跡或隱或顯、如梳之拋、則忽東忽西矣。斯皆帶右弼而成帶破、便爲吉脈。三吉之星總如此、此者右弼也。破軍帶三吉、非止貪狼。卽下二條之武曲巨門亦若是焉。雖體有純疵之異、而脈無美惡之殊。卽經所謂破軍帶破、都爲吉脈、故曰吉破地也。過坪者、穿田也。渡江渡湖渡河爲渡水、如是者、皆謂之帶破吉脈也。泉是蒙泉、其小如鏡。塘是天池、兩是衞龍池也。貪之下、破軍挾巨門而去、則必爲垣局大地、即經所謂自貪至破爲次第也。垣局非祿破、力量不成。既破軍挾三吉、又有帶破之脈、且有衞龍之泉池、若見巨門、則九星順序、周而復始、謂爲垣局、尙何疑哉。

巨門破軍裂十字、頂上微圓欹側取。勢如啄木上高枝、直上高崖石嘴露。此星出龍生鼎足、爪甲巉巖若鷄距。此龍富貴生王侯、五換六移出宰輔。

【師青曰】：此言巨門破軍、先以裂字形容破軍。蓋頂上圓者、分明是巨門、兼破軍則從欹側取之。啄木、鳥名、爾雅釋爲鴷。異物志曰：啄木有大有小、有褐有斑、褐者是雌、斑者是雄、穿木食蠹、俗云雷公采藥吏所化也。李時珍曰：啄木小者如雀、大者如鴉、面如桃花、頭足皆青色、剛爪利嘴、嘴長數寸、舌長於咮、其端有針、刺啄得蠹、以舌鈎出而食之。其勢如鴷上高枝、據險陷之高崖、露壁立之石嘴。巨門形如覆釜、釜有三足則象鼎、雞距即鼎足、足與爪距、皆爲祿存、巉巖即破軍也。破軍兼三吉、則富貴王侯、即從此龍而生。破軍挾三吉之星、有蛛絲馬跡之貴脈。龍行約十里爲一程、一程一換、五換六移、則剝換愈多而龍愈貴矣、故云出宰輔焉。

祿存破軍在平頂、兩脇蛇行肋微露。前如大木倒懸崖、生幹生枝葉無數。葉中生出嫩枝條、又作高峯下平去。當知爲穴亦不遠、護送不來作神宇。

【師青曰】論破軍、貪巨之後、自當接入武曲、蓋破軍以破爲主也。此節何以先言祿存、後言武曲、因平頂乃頓鼓祿存、以武曲爲上形、乃祿存之帶祿也。雖云祿存、實同武曲。脚手多、易於帶破也。文曲與破軍皆有蛇行之象、第文曲性柔、破軍性剛、破軍蛇行斜走、如走旂擲梳拋毬、實與文曲不同、觀第四祿存肋扇具露一語、則其形可知矣。又如大木倒懸、大木多枝葉、祿存之脚似之。同是生幹生枝葉、武曲所生不多、而祿存所生則無數矣。若生嫩枝、便成第一祿存之小貪小巨、此祿存帶祿、己不見有破軍矣。作高峯、下平去、峯現小貪小巨、平尋馬跡蛛絲、故知其爲穴不遠矣。破祿合星、若無護送、與巨門篇所云破祿二星多外闌、不爲護送、則所結處、其爲神壇廟宇乎。

武巨破如破廚櫃、身形擁腫崩形勢。前頭走出鵝伸頸、嶺上下來如象鼻。一高一下脚不尖、作穴乳頭出富貴。

【師青曰】：武曲方峯、形如厨櫃。武曲兼破軍、即如破厨櫃。此破字當訓析、貪狼篇云破、即是析也。高氏謂頭方而帶石者、破裂者也、於義正同。當龍勢出時、而厨櫃擁腫、必崩崖壁立、而破軍之形始見。本來面目尙存、故有肥腈如鵝伸頸之喻。爾雅釋鳥曰：舒雁、鵝。蓋武曲肥腯、如舒雁之垂頭也。流行本於經文之鵝字作雞、實傳寫之誤也、讀者須於此處留意焉。帳中出脈、形如象鼻、即武曲篇所稱：帳中出帶微飛揚者也。破軍至此帶破矣。一高一下、頓伏之勢、所以成換移者也。圖墓書有言：夫欲依山葬者、其山連延、百里不絕、一高一下、小頓大起、則出公卿、此之謂也。脚不尖者、氣已凝而勢已住也。作穴乳頭、或以武曲穴鉗、破軍穴戈矛、皆不名乳頭。不知此言乳頭者、乃穴名之通稱、不必貪狼始名乳頭、蓋散文則通也。觀巨門篇有中間乳穴是爲眞、巨門穴窠、而亦名乳穴、亦爲穴情之通稱、復何疑哉。

破軍廉貞高崔嵬、水流關峽聲如雷。

【師青曰】：破軍之壁立側裂形傾欹、合之廉貞之高山頂上石嵯峨、皆有崔嵬之象。崔嵬者、土山之戴石者、詩曰：陟彼崔嵬。李白蜀道難曰：劍閣崢嶸而崔嵬、言入蜀鳥道、連山高峻也。何謂關峽、兩山所夾之處也。破軍廉貞、同爲四凶、相挾、爲破軍不破也。巨門篇云：破星不破爲近關、是乃近峽關鎖之山、故舉關峽言之。廉貞破軍、未經大卸、大山之中、瀑布砰訇、正如李白蜀道難之所謂、飛湍瀑流爭喧豗、砯崖轉石萬壑雷者、其險正若此。於時未成帶破之龍、何能論穴、故不復言脉也。假令有此山、則落處須尋一百里、必俟脫出三吉、乃可論龍。此節雖簡、宜詳細玩索焉。

案破軍九變、祿存之下、廉貞之上、不言有文曲破軍者、高氏謂文曲如蛇行、凡落脈過度曲動處卽是、無高形故無兼體云云。不知文曲之性、與破軍相反。一柔一剛、雖同四凶、而實相濟。旣有文曲、而破軍之性化矣。其論已雜入帶破各條之中、故不復舉、非佚脫也。

輔星破軍如幞頭、兩旁有脚如拋毬。弼星破軍如鯉躍、行到平中時一卓。三三兩兩平中行、直出身來橫布脚。爲神爲廟爲富貴、只看纏護細斟酌。纏多便是富貴龍、纏少只爲鐘鼓閣。

【師青曰】：左輔正形如幞頭、此亦破軍帶破也。破軍擲梭、故左輔之拋毬、爲兼破軍也。觀右弼篇有上灘魚之喻。左輔篇亦云：平行鯉鯽露背脊。據此、則輔弼形體相近、此皆破軍帶破也。前頭高卓尾後低爲破軍。惟其偶爾一卓、爲弼星上灘魚也。三三兩兩平中行以下、皆輔弼合言之也。左輔篇云：三峯節節隨身轉、是三三爲左輔幞頭大小兩毬。

槖駝平列兩峯、是兩兩爲左輔。巨門剝輔、亦三三兩兩牽聯行也。直出身來、謂破軍前頭高卓也。橫布脚、是左輔平行橫布也。爲神廟、爲富貴、則看纏護多少而定、最宜由此斟酌。左輔篇云：纏多便作吉龍斷、若是無纏爲道院。誠以纏多爲帶破、倘若無纏、則爲不破、其能不爲鐘鼓閣耶。案葉氏劃分經文、爲左輔右弼兩節、是言輔而及弼、言弼而與輔無關。今攷訂古本合之爲一節、引經義以證之、庶無顧此失彼之誤焉。

九星皆有破祿文、三吉之形輔弼尊。平行穿珠巨門祿、闌棹尖拖是破軍。吉星之下無不吉、凶星之下凶所存。況是凶龍不爲穴、只是閒行引過身。縱然有穴必是假、假穴如何保久存。時師只來尋龍脈、來此峽內空低蹲。便指纏護爲眞氣、或有遠秀出他村。便說朝山朝水好、下了凶事自入門。只緣不識眞龍出、前面必出星辰尊。尊星活了死龍骨、換了破軍廉祿文。破軍忽然橫開帳、帳裏戈旗出生旺。此龍出作將軍形、前遇溪流爲甲仗。

【師青曰】：經嘗言天下山山有祿存、我觀祿破滿天下、九星皆挾文曲行、是破祿文三星到處有之、而九星皆挾之。凡三吉五吉、皆爲尊星。上文云：三吉之餘有輔弼、則是輔弼亦與三吉同矣。龍之行度、形成穿珠、必是巨門與祿存、而武曲不與焉。武曲方屏、不能節節皆有、故雖武曲、亦必假巨門穿珠爲行龍也。觀夫巨門篇云：巨爲墜珠玉枕形、足見珠爲巨門、以其有圓象也。葉氏於此、謂平行之穿珠微突、方者是巨、圓者是祿。高公謂珠豈有方者、何以硬定爲方、譏其武斷。蓋葉不審巨形爲珠玉耳。又云九星俱帶巨祿、九星俱帶祿是矣、九星俱帶巨、高公謂經無此說、世亦無此龍、故斥爲大謬也。所謂平行穿珠者、乃巨門兼祿存、巨武本三吉、有時而兼祿存之凶。闌棹爲貪狼斜枝、脚下橫拖、其尖卽破軍。貪狼雖三吉、亦有時而兼破軍之凶也。由此言之、則天下之山、雖三吉猶有四凶雜焉。吉星之下無不吉者、言不挾破祿之吉、固無不吉也。凶星之下凶所存者、言未成三吉之破祿、有凶存焉。凶龍不爲穴者、可作祖而不作穴。若爲引龍、雖凶不害。縱然有穴、必是假者、此曷以故、武曲篇云：要識四花穿心過、但看護衞不曾停。蓋龍未住、則穴假也。貪狼篇有言：空亡龍上莫尋穴、縱然有穴易歇滅、此之謂也。時師尋龍、多向峽中、空指橫山作眞地、不知眞氣聚處看明堂、誤以兩山之峽爲明堂者、比比皆是。或遠秀出自他村、左右雖回、而外無闌、則朝山朝水皆僞也。凡此種種、未能細辨而下穴、則凶事之來、有由然矣。夫破祿之氣、剝換須要剝盡。於其平行剝換時、須知穿珠是巨門、拖尖乃破軍。穿珠無脚者、爲平地巨門。有脚者爲平地祿存。脚尖者爲平地破軍。明乎此、則三吉四凶、雖有揉雜、而可以瞭然不惑矣。大抵眞龍在前、星辰必尊、尊星可活死龍。破軍不破爲天戈、廉貞稱敗絕之氣、祿存無祿是蚩尤、文曲有困弱之名、皆爲死龍、苟無尊星移換、胡可活耶。倘破軍忽然帶破、開大浪橫江之帳幕、帳裏有戈有旗、迸出三吉、而旺生焉。將軍、人形也、人形皆貪狼所變。貪狼卽三吉之一也。破軍作穴似戈矛、戈矛者、甲仗也。卽左右護衛之山也。不然、一水過橫流、則前遇溪流耳。

破祿形象最爲多、枝蔓緜延氣少和。不爲尖刀卽劍戟、不作蛇行卽擲梭。出逢六秀方位上、上與六氣橫天河。六氣變而生六秀、凶星到此亦消磨。凶氣消磨生吉氣、定有星辰巨浪波。此是神仙絕妙法、不比尋常格地羅。

【師青曰】：九星以破祿爲最多、枝蔓雖緜延、得中和之氣者少。破軍性剛、多爲尖刀劍戟之形。如武曲篇：兩有刀劍。貪狼篇：橫拖爲帶劍。祿存篇：若有橫磨劍。凡所稱引、皆言破軍也。蛇行肋微露、祿存之破軍也。擲梭、則輔弼別具抛擲之性、卽是斜走、亦破軍也。六秀者、文昌六府星也、非理氣之六秀也。六府屬左輔、破軍剝換盡而逢六府、與六曜之氣、上互天漢、應天象而成垣局。貪巨祿文廉武六曜之氣一變、而生出六府之秀星。破軍到此、已被消磨、皆成形成象、雙尖成貪狼之左輔、雙圓成雙巨之左輔。三三兩兩、或爲三台、或爲偃月、無復凶氣矣。凶氣已消、隨生吉氣。何謂巨浪、左輔篇云：巨浪是帳帳有杠。在星辰是華蓋、亦名天門。前文垣局篇：華蓋三台相後先者此也。尋常地羅之法、稱三吉六秀者、有以亥震庚爲三吉、以艮丙巽辛兌丁爲六秀。而本經以貪巨武爲三吉、貪巨可以化三台。貪巨祿文廉武爲六曜、六曜剝換出六秀。識天下山川之性情、乃神仙絕妙之法。非彼以坎山來龍作午丁、卻把地羅差使轉者、所能夢見此法。蓋宋以後理氣之書、託名楊公者、皆出僞撰也。

與君畧舉大形勢、舉目一望皆江河。天下江山幾萬重、我見破軍到處是。祿存文曲輔弼星、低小山形總相類。只有高山形象殊、畧舉大綱與君議。

【師青曰】：舉天下形勢、以證破軍之多、世人只惡其凶、不知縱目河山、廣袤幾萬里、到處皆是破軍、如走旗爲破、頭高尾低爲破、險者破、坑陷者破、壁立者破、側裂者破、傾欹者破、尖如刀如劍者破、蛇行擲梭者破、然則何處不兼破軍耶。經曰：天下山山有祿存、是祿存甚多也。九星皆挾文曲行、是文曲甚多也。行龍之時有輔弼、是左輔右弼亦甚多也。低小之山、大率相似。只有高山之破軍祿存綿亘域中、形象特殊、力量能成垣局耳。就其大勢、舉其綱領、亦可以論其大概焉。議、他本作識。末兩句、或割入下文。今改正。

崑崙山上出闐顏、隻隻脚是破軍山。連綿走出瀚海北、風俗強悍人麤頑。生兒三歲學騎射、骨鯁剛方是此間。山來隴右尖如削、盡是狠峯高更卓。此處如何不出文、只爲山多反成濁。高山大隴峯多尖、不似平原一錐卓。

【師青曰】：崑崙、註具總論。闐顏、漢書作寘顏、闐與寘通、音塡、山在幕北。漢武帝時、命衞霍將兵討匈奴、北至寘顏山而還。楊子雲諫不受單于朝書：浮西河、絕大幕、破寘顏、即指此山也。經言崑崙山脚皆是破軍山、連緜出瀚海、瀚海、北海名、楊子雲云禪於姑衍、以臨翰海、翰、亦作瀚。匈奴風俗、强悍粗頑、楊子雲謂其天性忿鷙、形容魁健、負力怙氣、難化以善、易肄以惡者是也。其先出於夏后氏曰淳維、逐水草而居、兒時能騎羊引弓、射鳥鼠、習於戰攻。骨鯁、喻正直也。言此間人之剛方、有類於骨鯁也。

隴是隴山、亦名隴坻、隴右者、隴坻之右也。地理大辭典：唐貞觀初置、東接秦州、西逾流沙、南連蜀及吐蕃、北界沙漠、今甘肅隴坻以西、新疆迪化以東及青海東北部地也。續漢書郡國志：稱武都河池有東狼谷、經言狼峯、殆指此耶。大抵隴右天氣嚴寒、山峯險峭。雖貪狼甚多、皆兼破軍、故出武而不出文。蓋劍戟林立、峯多反濁、不若平地卓然一頓、起貪狼筍峯正體之爲愈也。

行行退卸大散關、百二山河在彼間。大纏大護到函谷、水出黃河如闕環。

【師青曰】：大散關、卽大散嶺所置之關、又名散關。後漢書註：散關故城、在今陳倉縣南十里、有散谷水、因取名焉。百二山河、言秦國披山帶河、極其形勝、李斐曰：河山之險、由地勢高順流而下易、故天下於秦、懸隔千里、持戟百萬、秦得百二焉。蘇林曰：百二得百中之二、二萬人足當諸侯百萬人也。函谷、谷名、因谷以名關、關城在谷中、深險如函、東至崤山、西至潼津。水出黃河如闕環者、明史地理志曰：陝西西安府華陰縣東北有大河、自西域流入、經榆林鎮、北折而南、與山西中流分界、經此、始東折入河南境、回環四千餘里、故如闕環也。

低平漸漸出熊耳、萬里平陽漸如砥。大梁形勢亦無山、到處尋龍何處是。識得星峯是等閒、平處尋龍最是難。若無河流與淮水、渺渺茫茫不見山。

【師青曰】：上言行行退卸、此言漸漸低平、若高屋建瓴、亦山脈趨勢使然也。熊耳、山名、在今河南盧氏縣南五十里、續漢書郡國志：弘農郡盧氏有熊耳山、是也。山爲禹導洛所自、舊說雙巒競舉、狀同熊耳、故名。今地學家、總稱商縣陝縣東至宜陽澠池諸山、曰熊耳山脈焉。魯語：砥其遠邇、韋昭注曰：砥平也。後漢世祖破赤眉、積甲宜陽縣城西、與此山齊、則山之砥平可知矣。大梁爲魏惠王故都、故城在今汴州。河流自華陰潼關、合衆流至鉅鹿之北而分九河、九河又合爲一而入海。淮水出南陽平氏縣會諸水、東至廣陵淮浦縣而入海、載於太平御覽者可考也。夫熊耳之低平既如此、大梁之形勢又如彼、在此渺茫之中、而山脈之來蹤去跡、誠不易見也。

河流冲决山斷絕、又無石骨又無脈。君若到彼說星峯、一句不容三寸舌、黃河在北大江南、兩水隔行水不絕。行到背脊忽起峯、兗州東嶽插天雄。分枝劈脈鍾靈氣、聖賢都在魯邦中。自古英雄出西北、西北龍沙少人識。紫微垣局太微宮、天市天苑太行東。

【師青曰】：山脈被河流冲決斷絕、對此而說星峯、自難饒舌。然而黃河在北、大江在南、兩水夾行、中必有山者也。輿地家所謂兩山之間必有水、兩水之間必有山、誠定論也。其行愈遠、所蓄愈大、忽起星峯、雄峙天下。初學記：釋兗州爲魯地。漢書郊祀志：稱東岳爲泰山、泰山爲岱宗也。唐詩人杜甫曰：岱宗夫何如、齊魯青未了。齊魯皆在山東、青未了三字、足以形容泰山之雄闊矣。郭璞山海經註曰：岱、山下至頂、百四十八里三百步。泰山記云：盤道屈曲而上、凡五十餘盤、經小天門、大天門、仰視天門、如從穴中視天窗矣。靈氣所鍾、特生聖賢。續漢書郡國志曰：魯國有闕里、孔子所居。韓昌黎亦曰：昔闕里之多士、蓋指賢人七十、弟子三千、而多在魯邦也。然而英雄則多出於西北、若秦之白起、王翦、漢之傅介子、李廣、趙充國輩、皆一時之名將也。後唐莊宗建都洛陽、其太廟稱太微宮。此言其垣局分野、上應紫微垣也。據唐一行僧所稱、洛陽分野、上屬紫微。此經之言星象、多本晉書天文志、及山河兩戒之說、可以知其祖述一行矣。天市者、經言天有三垣、紫微之外有天市、天市垣分野、在河南淮北、皆河南尹之屬地。後唐同光之世、以魏州爲東京、鎮州爲北都、皆在山西太行山之東。兩都上應天苑星、亦以一行之說爲據也。晉書天文志曰：天市垣二十二星、在房心東北、主權衡、主聚衆。帝坐一星、在天市中候星西、天庭也。天苑十六星在昴畢南、天子之苑囿也。苑南十三星曰天園、植果之所也。然考漢儒所稱、俱以雍州上擬紫極、如班固西都賦曰：據坤靈之正位、倣太紫之圓方；張衡西京賦曰：正紫宮於未央、表嶢闕於閶闔。又曰：思比象於紫微、恨阿房之不可廬。此經以洛陽爲紫微、而列關中於天苑。蓋楊公生於後唐、而星垣宮闕、皆以後唐爲言。此又在學者玩索而自得之可也。

南龍高枝過葱嶺、黑鐵兩山雪峯盛。分出秦川及漢川、五嶺分星八桂連。山行有斷脈不斷、直至江陰大海邊。海門旺氣連閩越、南水兩夾相交纏。此是海門南脈絡、貨財文武相交錯。何處是貪何處文、何處認辨武曲尊。尋龍望氣先尋脈、雲霧多生是龍脊。春夏之交與二分、夜望雲霓生處覓。雲霧先生絕高頂、此是龍樓寶殿定。大脊微微雲自生、霧氣如多亦難證。先尋霧氣識正龍、卻是枝龍觀遠應。此是神仙尋地法、百里羅城不爲迴。知此然後論九星、要識九星觀正形。因就正龍行脚處、認取破祿中間行。

【師青曰】：此論崑崙向北一枝、葱嶺、是亞洲山脊、爲中國大山發脈處。西河舊事曰：葱嶺在敦煌西八千里、其山高大生葱、故曰葱嶺。自新疆疏勒至蒲犂之西、皆葱嶺正幹也。黑鐵二山、見於酈道元水經注：南河東逕樓蘭國北、至黑山國、一千三百六十里。北河自疏勒逕流、至蒲犂一百四十里、於此有鐵山、卽漢武時西域所在地。雪峯者、天山也。西河舊事曰：天山高、冬夏長雪、故曰白山。山中有好木鐵、匈奴謂之天山、卽漢貳師擊右賢王之處也。秦川、卽清水、水經注：清水上下、咸謂之秦川。今日牛頭河、出甘肅清水縣東北湯峪、曰湯峪川、西南流、卽古秦水、又西南至天水縣、而注於渭。漢水、源出陝西甯羌縣北嶓冢山、初名漾水、東南經沔縣爲沔水、受沮水、東流經褒城、受褒水、始爲漢水、入江之大川也。五嶺之名、始見於史記張耳傳。服虔曰：嶺有五、因以爲名、交趾合浦界有此嶺。裴氏廣州記云：大庾、始安、卽越城嶺。臨賀、卽萌嶺。桂陽、卽騎田嶺。揭陽、卽都龐嶺。是爲五嶺。鄧德明南康記：大庾嶺一也。桂陽騎田嶺二也。九眞都龐嶺三也。臨賀萌渚嶺四也。始安越城嶺五也。案裴氏所稱揭陽、卽鄧氏所稱之九眞。方以智謂九眞太遠、都龐在今湖南藍山縣、一說謂卽永明嶺、在湖南之永明縣、皆非九眞郡也。蓋九眞郡爲漢置、後屬交州、卽今安南之河內以南、順化以北、淸華乂安等處。方氏謂爲太遠者是也。八桂、山海經曰：桂林八樹、在賁隅東。郭璞注曰：賁隅音番禺、今番禺縣。八樹成林、言其大也。庾信詩曰：南中有八桂、繁華無四時。韓愈詩：蒼蒼森八桂、茲地在湖南。又楊萬里詩：來從八桂三湘外。是稱廣西爲八桂、宋以來已然、惟地在賁隅西耳。連、今縣名。隋置連州、因黃連嶺以爲名、尋廢。唐復置、天寶元年、更名連山郡。先是郡屬江南道、繼屬嶺南道、後屬湖南道、後又屬廣州、淸時爲直隸州、屬廣東省、民國改縣而屬嶺南道焉。山行有斷有不斷、謂入嶺之途五路也。考方輿紀要；自福建之江入廣東之循梅、一也。自江西之南安踰大庾入南雄、二也。自湖南之郴入連、三也。自道州入廣西之賀、四也。自全州入靜江、五也。江陰、今縣名。北臨大江、爲長江扼要之地。自梁敬帝時、始於此置江陰郡及縣。陳奉梁敬帝爲江陰王、隋平陳、郡廢。唐宋爲江陰軍。元改州。明廢。淸置縣、屬江蘇常州府。民國改縣、屬江蘇蘇常道焉。海邊卽海門、連閩粵者、考漢書兩粵傳：閩粵王無諸、及東海王搖、其先皆越王勾踐之後也。秦廢君長、以其地爲閩中郡。漢屬會稽。吳置建安。陳隸閩州。而泉州、福州、建州、杭州、隋唐至今、代有因革、然總不離乎吳越古國之境者近是。南水兩夾、謂南海及江也。漢書嚴助傳曰：會稽東接於海、南近諸越、故曰交纏。南脈至此、而貨財文武、亦交錯而出焉。星峯不易辨識、必先從望氣入手、蓋霧多生處卽是龍脊。本經以崑崙爲域中山祖、河圖括地象曰：崑崙山出五色雲氣、以雲氣驗山、說本緯書。許氏說文曰：雲、山川氣也、從雨云、象回轉形也。周禮春官保章氏：以五雲之物辨吉凶。術家亦據此以觀雲、如一行僧望黃雲而知新會五百年後、有白沙子之誕生、抑何其驗耶。左傳曰：凡分至啓閉必書。鄭司農曰：以二至二分觀雲色、二至、冬至夏至也。二分、春分秋分也。夜望雲霓、從初生處覓、霓通蜺、王逸楚辭注曰：蜺雲之有色似龍也。雲霧從絕高頂處生、此處卽廉貞之龍樓寶殿、爲祖山之大脊。當微雲冉冉初生、辨認不難。倘霧氣瀰漫、又難指證。卻於此處、已識正龍、則可由龍脊遠覓應星、而枝龍之分亦得矣。廉貞篇所謂應星生處別立形者、此之謂也。神仙尋地之法、盡在於此。疑龍篇云：若不尋龍論祖宗、也尋頓伏識眞蹤。苟能解此、百里不爲遠、千里亦非迴也。

天下山山有破祿、破祿交橫有地軸。祿存無祿只爲關、破軍不破只爲闌。關闌之山作水口、必有羅星在水間。大河之中有砥柱、四川之口生灩澦。大姑小姑彭蠡前、采石金山作門戶。更有焦山羅刹石、雖是羅星門不固。此是大尋羅星法、識者便知愚未悟。吾若論及破軍星、多是引龍兼作護。大龍須要大破軍、小龍亂夾破祿文。廉貞多是作龍祖、輔弼隨龍富貴分。廉貞若高龍不出、多是爲應兼爲門。請君看此州縣閒、何處不生水口山。水口關闌皆破祿、無脚交牙如疊環。或有橫山如臥虎、或作重重如瓜瓠。禹鑿龍門透大河、便是當時關水處。太行走出河中府、河北河南關兩所。大河北來曲射東、西山在水如眠龍。馬耳山枕大河口、絕無脚手爲神妙。靈壁山來截淮河、更無一脚如橫戈。海門二山鎖二浙、兩山相合如環玦。文廉生脚鎖錙流、橫在水中爲兩截。大關大鎖數十里、定有羅星橫截氣。截住江河不許流、關內不知多少地。小羅小鎖小關闌、一州一縣須有關。十關十鎖百十里、定有王侯居此間。鄉落羅星小關鎖、枕水如戈石橫臥。但看無脚是關闌、重數多少分將佐。君如能識水口山、便識天戈幷祿破。

【師青曰】：山山有破祿、交橫則有地軸。何謂地軸、李善注文選蕪城賦曰：崑崙之山、橫爲地軸、此地軸之義也。帶祿之祿存、受破之破軍、皆能結穴、以其有應星也。此言無祿之祿存、不破之破軍、只合作水口之關闌耳。凡關闌之山、原屬水口羅星。即大河中亦有砥柱、酈道元水經注曰：砥柱、山名也。昔禹治水、山陵當水者鑿之、破山以通河、河水分流、包山而過、山見水中若柱然、故曰砥柱。方輿紀要曰：砥柱山、在平陽府解洲平陸縣東南。四川之口生灩澦者、酈道元水經注曰：江水又東逕魚腹縣故城南故魚國、江中有孤石、爲淫預石。范成大吳船錄曰：天下最險之處、瞿唐灩澦也。攷瞿唐峽在今四川奉節縣、亦名西陵峽、兩崖對峙、長江經其中、是瞿唐峽口的礁石、冬日水淺、出百餘尺、夏日水漲、沒數十丈、舟人有灩澦大如牛、瞿塘不可留、灩澦大如馬、瞿塘不可下等語、爲行舟測水歌謠。卽唐詩人李白長千行所謂十六君遠行、瞿塘灩澦堆、及杜甫秋興、瞿塘峽口曲江頭、萬里烽烟接素秋。又宋詩人陸游入蜀記曰：瞿塘關卽故夔州、與白帝城相連、關西門正對灎澦堆、堆、碎石積成、皆指此也。經文言四川、應作西川、後人傳寫訛誤。考新五代史、長興四年、以西川節度使孟知祥爲劍南東西兩川節度使封蜀王。是蜀在五代止稱兩川、無四川之名。元始設四川等處行中書省。又據顧炎武日知錄曰：唐時劍南一道、止分東西兩川而已。至宋則爲益州路、梓州路、利州路、夔州路、謂之川峽四路、後遂省文稱四川耳。大姑、大孤山也。在江西九江縣東南鄱陽湖、四面洪濤、一峯獨峙、有孤石介立大湖中。顧况詩：大孤山盡小孤出、月照洞庭歸客船。小姑、小孤山也。山形似鞋、在彭澤縣北、今屬舒州宿松縣界、與大孤山相對。劉沆詩云：擎天有八柱、此一柱仍存、石聳千尋勢、波流四面痕、江湖中作鎮、風浪裏蟠根、平地安然者、饒他五嶽尊。歐公云：江南有大小孤山、江側有彭郎磯。彭郎者、小姑婿也。古迹門、彭浪磯下、引同安志：江州有彭浪磯、語轉爲彭郎磯、遂有小姑嫁彭郎之語、前人有詩云：倚天巉絕玉浮圖、肯爲彭郎嫁小姑。又謂舟中賈客漫語耳、小姑前年嫁彭郎。蓋所以正其訛謬也。淸彭玉麐洪楊之役、造舟師、入彭郎磯、曰十萬大軍齊就凱、彭郎奪得小姑回。則風趣盎然。陳龍圖簡夫爲詩曰：山稱孤獨字、廟塑女郎形、過客雖知誤、行人但乞靈。時人又稱佳句焉。彭蠡、湖名。郡國志：湖周回四百五十里、內有石高數十丈、大禹刻其石而紀功焉。采石、牛渚山下突出於江中之磯也。牛渚在今安徽當塗縣西北二十里、江源記云：商旅於此取石、因而得名。後漢孫策攻劉繇牛渚營、孫權使周瑜屯此、以後常爲重鎭。金山在江蘇丹徒縣西北、舊在江中、合四周沙漲成陸、以裴頭陀開山得金、因名、本名浮玉山。唐李錡鎭潤州、表名金山。唐書、韓滉傳：建中之難、陳少游在揚州以甲士三千、臨江大閱、滉亦總兵與少游會、卽此處也。焦山在江蘇丹徒縣東九里大江中。與金山對峙、相距十里許。又名譙山、亦名樵山。以後漢處士譙先隱此而名。羅刹石、明陶宗儀輟耕錄云：浙江一名錢唐江、一名羅刹江、所謂羅刹者、江心有石、卽秦望山脚、橫絕波濤中、商旅船到此、多值風濤所困而傾覆、遂呼云。羅刹本梵語、其義爲可畏暴惡、猶食人之鬼神也。以上經文所引水中礁石、皆屬羅星之類、舉其犖犖可尋者、以爲關闌示法。識者知之、愚者猶未悟也。吾若論及破軍星一句、特提破軍立論。破軍引龍、如上文所稱閒行引過身也。破軍作護、所謂纏護爲眞氣也。大龍則要大破軍、小龍則有破祿文、當分別辨之。廉貞作祖、輔弼隨龍。巨門篇云：輔弼隨龍厚薄取、富貴大小、由此分焉。若廉貞高矗雲霄、不生吉星峯、是龍不出也。定隔江河作應龍、卽此經所云爲應也。遠望鼓角聲鼕鼕、卽此經所謂兼爲門也。試觀州縣水口、何處無關闌、關闌皆爲破祿。無脚爲破、交牙爲祿也。橫山如臥虎、左輔篇論左輔破軍有云：又似虎狼行帶箭、則虎爲破軍矣。重重如瓜瓠、祿存篇：下形有脚如瓜瓠、則瓜瓠爲祿存矣。龍門、山名、卽伊闕。在河南洛陽縣南。水經注：昔大禹疏以通水、兩山相對、望之如闕、伊水歷其間北流、故謂之伊闕。宋祁曰：伊闕、洛陽南面之險也、自汝潁北出、必道伊闕、其間山谷相連、阻扼可恃。漢靈帝置八關都尉以備黃巾、伊闕居其一。又在山西河津、陝西韓城之間、大禹所鑿、書所謂導河積石、至於龍門者也、或云卽呂梁。要之龍門爲大河關水之處、可斷言也。太行走出河中府者、太行山、亦曰五行山。括地志：太行連亙河北諸州、凡數千里、始於懷而終於幽、爲天下之脊。等今地學家以汾河以東、碣石以西、長城黃河間諸山、爲太行山脈、山西晉城縣南有太行山、乃山脈之主峯也。太行山脈、緜亘西北、博物志云：太行山北去、不知山所限極處、亦如東海不知所窮。迤邐而走河中、河中自唐開元置府。復稱蒲州者、則北周所置也。在唐宋元淸爲河中。在北周及明、則爲蒲州。府治皆在山西永濟縣、地當汾河黃河之中也。又蒲津關在山西永濟縣西、黃河西岸、一名臨晉關、一名河關、跨陝西地、宋改爲大慶關、自古以來爲山河要隘。經言關兩所者以此也。兩所河南河北也。唐玄宗早渡蒲關詩：所謂地險關逾壯也。曲射、或作河曲解。或疑爲曲逆傳寫之誤。今直隸保定府完縣、爲秦漢曲逆故地。漢書：高祖北征、還過曲逆、曰：壯哉縣、吾行天下、獨見洛陽與是耳。馬耳山是太行山高峯、祿存篇云：太行頂上馬耳峯、可爲明證。山東泰安州萊蕪縣東北原山、亦名馬耳山。然與太行山脈無涉也。大河口、諸本作大江口、按太行在黃河之北、安得大江。其爲大河、可無疑義。靈壁城在宿州西北、杜佑曰：符離西北有靈壁、即項羽擊漢軍之故地。方輿紀要曰：鳳陽府懷遠縣、淮水在縣東南一里、介在荆塗兩峽間。今名洪頭、有巨石橫亘若門限、每冬水淺則見、相傳爲大禹所鑿、亦即蕭梁置堰之處也。浙江有東西道、東道治潤州、西道治越州。五代時稱杭州爲西府、謂越州爲東府。海寧縣西南有赭山、石皆赤色。其對岸相峙者曰龕山、橫江截海、謂之海門、控扼要害。經言鎖二浙者謂此也。觀此則大關大鎖、小關小鎖、所以截江河之氣、而爲天然之關闌也。以水口星稱天戈者、蓋斗杓末一星、即破軍。元戈近杓末、與破軍相連、橫亘水中之山、乃破軍所變、故名天戈、以象梗河三星也。

左輔篇第八

左輔正形如幞頭、前高後低大小毬。伸舒腰長如杖鼓、後大前小駝峯侔。下有兩脚平行去、或在武曲左右遊。此龍如何近武曲、自是分宗爲伯叔。分宗定作兩貴龍、此與他星事不同。武曲兩傍必生輔、不似他星變形去。左輔自有左輔形、方峯之下如卓斧。此是武曲輔星形、若是眞輔不如此。眞龍自作貴龍身、幞頭橫脚高低去。高頂高峯圓落肩、低處低落肩頂圓。忽然堆起如螺卵、又如梨栗堆簇繁。頂上纍纍山結頂、斷定前頭深入垣。

【師青曰】：幞頭、爲巾幗之總名。朱子語錄云：唐人幞頭、初止以紗爲之、後以軟、遂砍木作山子、在前襯起、其說以爲起於魚朝恩、人爭效之。其先幞頭四角有脚、兩脚向前、兩脚向後。後來遂橫兩脚、以鐵綫張之。宋郭若虛曰：自古衣冠之制、荐有變更、指事繪形、必分時代、漢魏以前、始戴幅巾、晉宋之際、方用幕離、後周以三尺皂絹、向後樸髮、名折上巾、通謂之幞頭。此言左輔形、有如幞頭也。古之進賢冠、前高七寸、後高三寸。皮弁之制、亦前高後低。封氏聞見記：打毬、古之蹴踘也。踘亦作鞠。三蒼解詁：鞠、毛丸、可蹋戲、即今之踢毬也。左脈過輔之處、一伸一舒、其腰稍長、則如杖鼓。杖鼓者、即唐之羯鼓也。舊唐書樂志：羯鼓如漆桶、兩頭俱擊、以其出羯中、故謂之羯鼓、亦謂之兩杖鼓、可以兩杖擊之也。玉髓經：又有名爲杖鼓穴、眞龍來變兩頭橫。龍分橫處看輕重、分得平時穴亦平。一長一短爭分寸、長處爲重短爲輕。此言杖鼓穴也。然雖有杖鼓之名、形家沿用、或不得其制度。而時師所謂天馬雙金扛水凹腦天財之類、便爲得左輔之眞穴矣。後大前小、此樸頭之形近於爵弁者也。董巴輿服志：爵弁一名冕、廣八寸、長尺二寸。如爵形、前小後大也。駝峯侔、等於駝峯也。顏師古曰：橐駝者、言其可負橐囊而駝物、故以名。山海經圖、橐駝讚曰：駝爲奇畜、肉鞍是被。此亦前小後大之喻也。下有兩脚平行去者。攷破軍篇云：左輔破軍如幞頭、兩旁有脚如拋毬。是幞頭有脚、乃左輔正形。惟不拋而平行、乃不兼破軍耳。或在武曲左右遊者、武曲爲北斗第六星、輔星在第六星旁、固爲左右。以山形論、武曲平行穿珠、亦嘗參以巨門左輔、雜亂生形、故曰右輔常遊於左右也。帳中出帶微飛揚、武曲之正龍也。武曲帳上兩角隨身張者、爲護衛龍也。是武曲與左輔爲伯叔。武曲乃三吉之一、固爲貴龍。左輔爲五吉之一、可稱八貴龍、是與武曲分宗、兩者皆貴矣。他星不盡與武曲相近、不能皆貴、故不同也。衣冠之吏似圓峯、此武曲旁之左輔幞頭也。兩旁定有衣冠吏、亦言其必生輔也。若論他星、多由剝換而變爲應星、不似左輔之常遊於武曲之旁也。今夫鐘高釜矮、高爲巨、而矮爲輔、左輔之形如釜。卓斧之斧、疑當作釜。蓋斧不可言卓。若云卓釜、乃襆頭聳起者耳。重山複嶺看輔星、高山頂上襆頭橫、此皆武曲輔星形也。若言眞輔、便不如此、分枝劈脈、不作應星、龍身既貴、起爲華蓋、變爲三台六府、而爲垣星矣。故鄭重言之、曰幞頭橫脚高低去。讀經至此、亦感興奮。玉髓經云：天駟天廐合天星、天馬馳陂變化精。彼經之天駟天馬、即此經之駝峯。彼經之出廐馳陂、即此經之襆頭橫脚。彼此互參、形容盡致。高峯圓落肩、已成之華蓋也。低落肩頂圓、即脚橫排如覆笠也。忽然如螺卵者、六星兩兩魚眼挨之三台星也。如梨栗堆簇者、穿排六星似環玦之文昌星也、纍纍山結頂者、六曜星之或三個峯或品字立者也。前頭深入垣局、衆星皆拱、尊嚴若此、可斷爲貴龍也。

要知此星名侍衛、入到垣中最爲貴。東華西華門水橫、水外四圍列峯位。此是垣前執法星、卻分左右爲兵衛。方正之垣號太微、垣有四門號天市。紫微垣外前後門、華盖三台前後衛。中有過水名御溝、抱城屈曲中間流。紫微垣內星辰足、天市太微少全局。朝迎未必皆眞形、朝海拱辰勢如簇。千山萬水皆入朝、入到懷中九回曲。入垣輔弼形微細、隱隱微微在平地。左衛右衛星旁羅、輔在垣中爲近侍。

【師青曰】：此言入垣左輔之貴也。楊公論天垣、多根據晉書天文志、紫微太微天市爲三垣。以紫微爲最吉、其局完全、不有缺陷。太微天市不能完全、朝迎有缺。三垣之局、諸星外衛、垣內近侍、皆爲輔弼。二星近帝座、所以其氣貴也。攷紫微垣有十五星、其西蕃七、東蕃八、在北斗北爲蕃衛、備蕃臣也。太微東蕃四星、第二星曰次相、其北中華東門也。西蕃四星第二星曰次將、其北中華西門也。漢書李尋傳曰：紫宮極樞通位、帝紀天官、上相上將、皆顓面正朝。又攷南蕃中二星間曰端門、東曰左執法、延尉之象也。西曰右執法、御史大夫之象也。左執法之東、左掖門也、右執法之西、右掖門也、所以爲禁衛也。方正之門號太微者、西都賦：仿太紫之圓方、文選注：引春秋合成圖曰：太微、其星十二四方也。漢書李尋傳曰：太微四門、廣門大道、是太微亦四門也。天市垣二十二星、在房心東北、漢書天文志所謂房東北曲十二星曰旗、其中四星曰天市、天市星衆者實其中、是也。紫微垣外、泰一居前、天一直後。大帝上九星曰華蓋、所以覆蔽大帝之座也。三台六星、兩兩而居、起文昌而列抵太微也。御溝者、漢書顏師古曰：溝、街衢之旁通水者也。蘇林曰：王渠、官渠也、由今御溝也。紫微垣內星辰足而最尊。孔子曰：譬如北辰、居其所而衆星共之。集解引鄭注：北極謂之北辰、共、拱手也。葬書曰：天光發新、朝海拱辰。猶百川朝宗於海也。故左輔雖非北辰、而爲北辰之證佐、故本經言垣局、歸諸左輔篇也。昔樗里疾卒葬渭南章臺之東、曰後世將有天子之宮夾我墓。果也漢興、長樂在其東、未央在其西、武庫正直其墓。尋繹經文所言、則古有斯術。楊公神遊造化、忽自有之、譬彼星辰、訓茲來葉、千秋奧秘、異世同符、令人仰止也。

右弼一星本無形、是以名爲隱曜星。隨龍剝換隱跡去、脈跡便是隱曜行。只緣飛宮有九曜、因此強名右弼星。

【師青曰】：右弼無形、名爲隱曜。陶宏景曰：北斗有九星、今星七見、二隱不出、常以二十七日、月生二日伺之、其形異餘者。經中往往以弼合稱、若隨龍剝換時、平陽之龍、專責右弼。是以其隱曜故也。唐經籍志：五行家有遁甲九宮、八門圖一卷。九宮即九曜之宮也。按之飛宮有九曜、雖隱而星猶可稽也。

天下尋輔知幾處、河北河南只三四。更有終南泰華龍、出沒爲垣盡如此。南來莫錯認南嶽、雖有弼星垣氣弱。卻是迴龍輔大江、水口三峯卓如削。北龍俗云名輔星、又隨塞垣入沙漠。兩京嵩山最難尋、已被前人曾妄作。東西垣局並長江、中有黃河水入長。後山屏帳如負扆、下瞰秦淮枕水鄉。輔弼隱曜入大梁、卻是英雄古戰場。大河九曲曲中有、輔弼九曲分入首。夫人識得左輔星、識得之時莫開口。

【師青曰】：此言尋輔者、乃專指垣局言之也。蓋成垣局之處、必有輔星、輔星相聚之處、必爲帝垣、如此帝垣、亦不多見、河北河南、只得三四處耳。攷初學記、河北道敍事曰：河北道者、禹貢冀州之域。爲唐置十道之一、東並海、南薄於河、西距太行常山、北通渝關前門。領懷、衛、相、洛、邢、趙、冀、恆、定、易、幽、深、瀛、貝、魏、博、德、滄、嬀、檀、營、平、燕、等州。今河南黃河以北及山東直隸之地也。河南道敍事曰：河南道者、禹貢、豫、徐、青、兗、四州之域。爲唐置十道之一、東盡海、西據函谷、南濱淮、北薄於河。領洛、陝、虢、汝、鄭、汴、豫、許、陳、潁、亳、宋、漕、滑、濮、鄆、濟、齊、淄、徐、兗、泗、沂、青、萊、棣、密、海、等州。今河南、山東、黃河以南、江蘇、安徽、淮水以北之地也。綜觀河北河南、自古以來、帝王建都、如開封、洛陽、長安、金陵、北平、畿輔堂隍、此其最著者也。終南泰華、亦屬中龍。終南、山名、一名中南、言在天中、居都之南也。夫南山、天下之阻也。南有江淮、北有河渭、汧隴以東、商洛以西、皆其地也。泰華者、華山記曰：山頂有池、生千葉蓮花、因曰華山。華、古通花。山海經曰：泰華之山、削成而四方、其高千仞。廣輿記；華山石壁直上如削成、最著者蓮花、明星、玉女三峯。崔顥行經華陰詩：岧嶤太華俯咸京、天外三峯削不成。即指此也。班孟堅西都賦曰：表以泰華終南之山、楊公之言據此歟。出沒為垣盡如此者、言隨處皆有輔星也。南岳無垣、不可錯認、雖有輔弼、畢竟氣弱。南岳又曰衡山、五岳之一也。在湖南衡山縣西北三十里。舜巡狩至於南岳、漢武帝移南岳之名於霍山、隋文帝始復以衡山為南岳。山有七十二峯、回雁為首、岳麓為足。水經注：湘水又北逕衡山縣東山南有三峯、一名紫蓋、一名容峯、容峯最為竦傑、自遠望之、蒼蒼隱天、山經謂之岣嶁山、岣嶁有禹碑、今猶稱焉。荊州記：衡山有三峯。極秀一峯名芙蓉峯。最為竦桀、自非清霽素朝、不可望見。峯上有泉飛派如一幅絹、分映青林、直注山下。三峯卓立水口、按水經注：湘水左會資水、世謂之益陽江也。左則沅水注之、謂之橫房口。右屬微水、謂之麋湖口也。左則澧水注之、世謂之武陵江。凡此四水、同注於洞庭北也。北龍俗云多輔星、俗云、他本或作燕雲者、非也。楊公爲後唐時人、此經以洛陽爲京師、高氏謂楊公未至燕雲、此其明證也。祿存篇云：燕雲下嶺出九關、明燕雲十六州是內地從此下嶺則出九關。胡三省通鑑注曰：燕山之地、易州西北乃金坡關、昌平縣之西乃居庸關、平州之東乃渝關、景州之東乃松亭關、皆天造地設、以分蕃漢之限、一夫守之、可以當百、復燕之役、若得諸關、則燕山之境可保。此言北龍、指契丹之境、故繼有塞垣沙漠之言。是時十六州未入契丹、不得以燕雲入沙漠也。若楊公已入石晉之代、得見燕雲淪棄、則又不得以洛陽稱京師矣。石晉都汴、而非都洛也。沙漠、沙土也。漢書曰：陵起舞、歌曰：徑萬里兮度沙幕。案本經以契丹之地、上應垣星、是時五季迭興、未及宋趙、厥後金元繼起、奄有中原、明祖遷都、終尋王氣、淸起瀋遼、宅都直隸。楊公望氣、可謂明徵。兩京者、言河南道之洛陽、是時爲京師、與雍州西京並稱兩京也。而兩京之中、以嵩山爲難尋。前人都汴州、未得其正、是爲妄作。前人、謂朱全忠也。梁開平元年、升汴州爲開封府、建爲東都、以唐東都爲西都、鄭漁仲曰：自昔帝王之都、未有建宸極於汴者、雖晉之十六國、偏處中州、亦未聞有據夷門者、何哉。蓋其地當四戰之衝、無設險之山、則國失依憑、無流惡之水、則民多疾癘、七國之魏、本都安邑、爲秦侵蝕、不得已東徙大梁、秦人卒決河流以灌其城、王假就虜、一國爲魚焉、自是曠千三百年、無有居者。朱全忠藉宣武資力以篡唐、因而居汴、遂爲京室。唐兵之來、梁室之禍、甚於王假。晉遵覆轍、耶律長驅、取少帝如拾芥、視朱氏又酷烈焉。由此觀之、楊公之言、十世可知、洵非虛說也。東西垣局並長江、此論江南之垣局也。宣城志：開元二十一年、班景倩任宣州刺史、兼江西採訪使、以江南分東西道自此始。秦始王時、望氣者言金陵有天子氣、乃使朱衣三千鑿山爲瀆、以斷地脈、水通大江。吳晉宋齊梁陳六代都之。輿地紀勝、建康風俗形勝門曰：東以泰山爲成皋、南以長淮爲伊洛、北以鐘山爲曲阜、西以大江爲黃河、故曰、中有黃河也。輿地紀勝：引金陵覽古曰：鐘山在上元縣東北十八里。可爲屏帳者此也。扆、爾雅釋宮曰：牖戶之間謂之扆、有繡斧文、所以示威也。儀地紀勝曰：秦淮在上元縣南三里。晉陽秋曰：秦開、故曰秦淮。舊五代史、梁開平元年四月戊辰、制曰：金行啓祚、玉曆建元、方宏經始之規、宜布維新之令、可改唐天祐四年、爲開平元年、國號大梁。以大梁爲古戰場、其說見於戰國策、張儀說魏襄王曰：魏地四平、諸侯四通、條達輻輳、無有名山大川之限、魏之地勢、故戰場也。爾雅河曲篇曰：河出崑崙虛、百里一小曲、千里一曲一直。初學記河水敘事曰：按水經注及山海經注；河源出崑崙之墟、南出積石山、西南流、又東迴入塞、過燉煌酒泉張掖郡、南與洮河合、過安定北地郡、北流過朔方郡西、又南流過五原郡南、東流過雲中西河郡東、又南流過上都河東郡西而出龍門、至華陰潼關與渭水合、又東迴過砥柱及洛陽、至鞏縣與洛水合、成臯與濟水合、又東北流過武德與沁水合、至黎陽信都鉅鹿之北、遂分爲九河、又合爲一河而入海。河分九曲、而輔弼入首、亦分九曲矣。夫人者、人人也。莫開口者、知者不言、言者不知也。

如何識得左輔星、次第生峯無雜形。天門上頭生寶殿、寶殿引出龍樓橫。樓上千萬尋池水、水是眞龍樓上氣。兩池夾出龍脊高、池中崩傾非大地。池中石是輔弼星、只分有跡與無形。有形便是眞左輔、無跡便是隱曜行。縱然不大也節鉞、巨浪重重不堪說。巨浪是帳帳有杠、杠曲生峯巧似玦。杠星便是華盖柄、曲處生峯來作證。證出貪巨祿文廉、武破週而復始定。天戈直指破軍路、此是天門龍出序、若出天門是正龍、不出天門形不具。一形不具便減力、次第排來君莫誤。自貪至破爲次第、顚倒亂行龍失序。一剝一換尋斷處、斷處兩旁生擁護。旌幢行有盖天旂、旂似破軍或斜去。看他橫帶如巨浪、浪滾一峯名出

帳。帳中過去中央行、不出中央不入相。星形備具入垣行、怪
怪奇奇合天象。

【師青曰】：此言欲識輔星成垣、先識生峯次第、次第者、七星順序也。雜亂則非次第矣。天門、閶闔也。生寶殿、出龍樓、則天門高於殿與樓可知。或以天門爲亥方、固非。高公以爲卽左輔、以左輔爲應星行龍。然天門本作閶闔解。破軍篇：雲霧多生絕高頂、此是龍樓寶殿定。廉貞篇曰：只緣尖焰聳天庭。又云：起作龍樓並寶殿。則分明龍樓寶殿、由於尖焰而起。此尖焰在廉貞篇名曰天庭。此名天門、則名二而物一也。從來狀物至高者多曰天、故稱嵩嶽、則曰峻極於天。銘劍閣、則曰極天比峻。聽鶴鳴、則曰聲聞於天。此經所謂天庭天門、皆自龍祖之出龍處目之、以其脊頂至高、上連閶闔也。樓上千萬尋池水者何也。蓋垣局以此爲第一事、所謂天漢天潢入閣道者也。蓋水帖龍身入深井、爲衛龍池也。廉貞篇云：更有衛龍在高頂、可以互證也。水是龍樓上氣、以其有侍衛也。侍衛龍、皆輔衛之義。廉貞篇云：單池終不及兩池。是以兩池爲最貴、故千萬須尋也。又曰：池若傾奔反生禍、池不可崩傾也。吾粵新會之圭峯、有衛龍池、雨不溢寸、旱不涸分。故能孕育斯文、而有陳白沙眞儒輩出。若錢塘遺事所稱：臨安都城、其山肇自天目、咸淳

甲戌、天目山崩、則百年王氣、亦終於此矣。蓋天目以天池得名、天池衰竭、乃龍氣歇滅之兆、故不可崩傾也。池中石是輔弼星、經以池中之石爲禁星。池水固不可傾、池石亦不可鑿。玉髓經曰：天池不可全作水、亦看形骸圓拙異。方平爲土長爲水、四面尖生水火濟。水火既濟是眞龍、此龍出人必尊貴。池中更有石筍生、火焰水中特地起。此貴難言君莫泄、三公向上出天子。鑿去池中石筍龍、此地猶出折臂公。是亦以池中之石爲最貴之氣、可與此經互證。世說新語曰：有相羊祜父墓者云：後應出受命君。祜惡其言、遂掘斷以壞其相。相者云：墓勢雖壞、猶應出折臂三公。俄而祜墮馬折臂、位至三公。玉髓經言折臂公者、爲有本矣。有石筍者爲有形。無石筍者爲無形。有形爲禁星。無形爲隱曜。如羊祜之壞墓石、猶不失爲隱曜、故仍出三公也。節者何、漢光武紀、章懷太子注曰：以竹爲之、柄長八尺。禮記玉藻、鄭注曰：今漢使者擁節、所以爲信也。鉞者何、六韜：鉞大柯斧、重八斤。禮記曰：諸侯賜鈇鉞然後殺。三國魏志曰：建安元年、天子假太祖節鉞。經文以無跡隱曜出將帥、故云節鉞也。巨浪重重者、葬經曰：勢如萬馬、自天而下、其葬王者。勢如巨浪、重嶺疊嶂、千乘之葬。勢如降龍、水澆雲從、爵祿三公。所謂自天而下、卽天門上頭生寶殿、勢如巨浪。水繞雲從、卽巨浪重重也。其得成星垣者、以天門龍、帶樓殿、分兩池、池中有石筍、再成巨浪、方爲禁地。若得其一格、不過公卿將帥耳。但經以池水爲重、且以雙池爲主、所以左輔自有左輔形者在此。但知幞頭駝峯爲左輔、則未盡經旨矣。帳有杠、杠、竿也。爾雅：素錦綢杠。郭璞注曰；以白地錦韜旗之竿、是以竿釋杠字也。巧如玦、玦者、說文曰：玦、玉佩也。左傳、晋狐突曰：金寒玦離、杜注；玦如環而缺不連也。杠星是華蓋柄、晋書天文志曰：蓋下九星曰杠、杠、蓋之柄也。華蓋黃帝所作、帝伐蚩尤、戰於涿鹿、常有五色雲氣、金枝玉葉、於帝上有花葩之象、故因而作華蓋。曲蓋乃太公所作、武王伐紂、大風折蓋、太公因折蓋之形、而制曲蓋焉。歷朝帝王多以賜有功將相。高大司農以爲似金牛轉車之脈、非也。按玉髓經云：金牛轉車回曲勢、是其勢迴轉、乃本經中之屈曲翻身勢大轉者也。與此杠曲生峯者不同。彼經云；中間忽出千葉蓮、護託迎送出蓮蕊。蓮花中心結房子、房子生絲穿犢鼻。此則所謂華蓋威蕤花瑤曲莖者矣。則與本經之杠柄、名異而實同也。易斗中北斗次序、據山河兩戒所引；則破武廉文祿巨貪、而本經則以貪巨祿文廉武破爲序、一則順數、一則逆數也。本經順數、輔星在第六星旁、周而復始、以此爲七星順序之格耳。若夫行龍之性、必先起廉、方爲合法、由廉而武、則火生土、即本經廉之下横生嶂也。由武而破、則土出木火、即經本之嶂裏貴人也。由破而貪、則本經之欹斜倒巖側、破空剝換出尖圓、平直小之貪正形也。由貪而巨、則筍峯變覆鐘、自尖而圓、亦合法度也。由此而出祿存、即經所謂第二祿存如覆釜、脚尖如戟周回布也。由祿而出文、卽經所謂祿存好處落平漫、或起橫山或梭面也。假使剝換未成、周而復始、則由文而復變廉、所謂困龍平下數十里、忽然卓立星峯起也。大抵起於廉而止於巨、至爲合法。否則始貪終破、似不其然。經取順序而已、非不許以廉貞爲祖宗也。天戈者、元戈星也。張衡西京賦曰：爾乃建元戈、樹招搖、薛綜注曰：元戈北斗第八星、招搖北斗第九星。此經破軍篇云：便識天戈並祿破。以天戈爲破軍別名、蓋卽元戈矣。破軍乃北斗第七星、天戈乃破軍餘氣、故以爲水口星名。故天戈直指破軍路、乃大龍發祖、直指水口而進也。天門高極于天、玉髓經曰：天門水峻上齊天、亦以其高稱也。破軍篇云：先尋霧氣識正龍、此爲天門龍矣。一形不具便減力者、如葬書所言十一不具、是謂其次也。次第推排、自貪至破、有至理焉。參四凶於三吉之中、而後力量大。間三吉於四凶之際、而後格局純。加貪巨於破祿之中、則破祿之殺除矣。行文曲於祿廉之界、則祿廉之剛化矣。廉破之中、雜以端莊之武曲、則一直一橫矣。祿文之後、聳以威烈之廉貞、則一柔一剛矣。雖復造化鈞陶、豈能拘滯。然上儀迭運、不易陰陽。四氣推遷、不殊寒暑。此經用意、實有精思也。一剝一換、須尋斷處、以斷處定其節數。且非觀斷處、不足以別其爲正龍也。何以言之、武曲篇曰：小公分處夾龍行、不肯單行走空缺。故在兩旁爲擁護。旌幢行有蓋天旗。卽祿存篇所云：旌幢對對端正立、武曲篇所謂：不起尖圓卽馬旗者是也。旗本破軍所變、破軍星峯如走旗也。然既成蓋天旗、則不忌脚斜、不斜、不成旗也。帳多始成巨浪、一重出帳、一重入帳、四重五重之後、必有帳裏貴人。破軍篇曰：凶氣消磨生吉氣、定有星辰巨浪波、此之謂也。浪滾一峯、以成帳裏貴人、此爲上乘之龍。勿謂奇奇怪怪、而忽畧其合天象也。

我到京師驗前說、帝垣果有星羅列。南北雖短東西長、東華水繞西華岡。水從闕口復來朝、九曲九回朝帝霄。前星儼若在南上、周召到此觀天象。上了南崗望北崗、聖人卜宅分陰陽。北崗峙立天門上、分作長垣在兩旁。垣上兩邊分九個、兩垣夾帝中央坐。要識垣中有帝星、皇都坐定甚分明。君如要識左輔宿、凡入皇城辨垣局。重重圍繞八九重、九重之外尤重複。重山複嶺看輔星、高山頂上幞頭橫。低處恰如千官入，載弁橫班如覆笠。仔細觀來眞不同、應是爲垣皆輔局。

【師青曰】：此承上垣局言、而舉京師以驗之。京師者、天子之所居也、京者大也、師者衆也。以後文周召一語觀之、則此京師指洛陽、可知作者乃五代之後唐時人也。南北短、東西長、垣局如是。漢書張良傳曰：洛陽東有成皋、西有淆黽、背河鄉雒。初學記卷八、引洛陽記曰：左成皋、右函谷、前有伊闕、後背孟津、此四塞之固也。伽藍記：洛陽城南北十五里、東西二十里。郡縣志：河南府東西六百廿一里、南北三百四十里、故經謂東西長而南北短也。東華水繞西華同者、天文志曰：太微東蕃四星、其第二星北中華門也。西蕃四星、其第二星北中華西門也。闕口者、左傳：晉荀躒趙鞅帥師納王、使女寬守闕塞、杜注曰：洛西南、伊闕口也。伊闕山在伊闕縣北四十五里、兩山相對、望之若闕、伊水流其間、如來朝者然。據舊唐書地理志：河南道東都、北據邙山、南對伊闕、洛比貫都中、有河漢之象。郡縣志曰：洛水在洛陽縣西南三里、西自苑內上陽之南、瀰漫東流。宇文愷築斜堤、東令南北流、當水衝捺堰九折、形如堰月、又名月坡。天文志曰：北極五星、第一星太子也。第二星帝王也、儼然在南上、南山在河南府城南十五里。初學記太子門、引梁孝威奉和太子詩：前星涵瑞彩、洊雷揚遠聲。周初、周召先後至洛相宅、事載尚書召誥篇、誥曰：召公既相宅、周公往營成周、所謂到此觀天象也。南岡謂大石嶺、北岡則北邙山也。舊說謂北邙山是隴山之尾、乃衆山總名、連嶺修亙四百餘里、在洛陽縣北也。方輿紀要曰：北邙山在河南府十里、古陵寢多在其上。中央夾帝坐、誠如帝垣之局。觀象賦曰：都紫宮之環周、嘉帝坐之獨標是也。都者何、釋名曰：國君所居、人所都會也。故於此處觀輔星、其繞垣者、如元和郡志所載：有緱氏山在緱氏縣東南二十九里、轘轅在山東緱氏縣東南四十六里、伊闕山在伊闕縣北四十五里、陸渾山在陸渾縣西五十里、重重圍繞、皆屬輔星。高若幞頭、低如覆笠、爲左輔之正形。前文之天門、池水、華蓋、杠星、雖類聚歸於左輔篇中、然皆垣星所用也。弁者、爵弁也、形同於爵、官之品服也。笠者、無柄之簦、所以禦雨也。皆輔局之輔字、近多作富、傳寫之誤也。

輔爲上相弼次相、破祿右衛廉次將。文曲分明是後宮、武曲貪狼帝星樣。更有巨門更尊貴、喚作極星事非誑。三垣各有垣內星、凡是星峯皆內向。垣星本不許人知、若不明言恐世迷。只到京師君便識、重重外衛周垣極。此龍不許時人知、留與皇家鎮京國。請從九曜尋剝龍、剝盡粗龍尋細跡。

【師青曰】：案晉書天文志：太微東蕃四星、南第一星曰上相、第二星曰次相。西蕃四星、第三星曰次相、第四星曰上相。太微東蕃四星、北第三星曰次將、第四星曰上將。所謂四輔也。西蕃四星、南第一星曰上將、第二星曰次將、亦曰四輔也。北極五星、北四星曰女御宮、周禮鄭注：御猶進也侍也。八十一御妻之象也。鈎陳、後宮也、大帝之正妃也。帝星、在紫微中之第二星、帝王也。極星、言北極北辰最尊者也。其紐星是天之樞也。極星不移、故曰、居其所而衆星共之。三垣者、紫微、太微、天市也。經言天文、多據晉書天文志。此言三垣、乃據唐一行之說也。史記正義曰：黃帝座一星在太微宮中、四星夾黃帝座。晉書天文志：亦曰帝座一星在市中、天之貴神也。三垣之內、各有近侍之星、皆爲輔弼。其星向內、以輔帝座、垣局之定格如此。凡是帝垣、必外衛重重圍繞、垣中開出大坪、爲建都立國之所。如此垣局、留與皇家鎮京國可也。相度陵寢、亦出於此、不可不知。若夫尋常左輔星體、乃粗龍剝換至盡則有之。乃其細嫩精巧者耳。

要識眞龍眞輔相、只有高低幞頭樣。若是輔星自作龍、隱行不識眞形象。若還三吉去作龍、隨龍變形又不同。貪狼多尖品字立、武巨方圓三個峯。三峯節節隨身轉、中有一峯是正面。兩旁夾者是輔星、大小尖圓要君辨。此龍初發在高山、高處生峯亦生辦。肩辦須明似幞頭、衰衰低來似輥球。平行鯉鯽露背脊、有脚橫排如覆笠。若是降樓並下殿、節節如樓下剝換。貪下剝換如拋球、尖處帶脚如龜浮。此是下嶺方如此、上嶺逆行推覆舟。尖圓皆是品字立、世人誤作三台求。祿存剝換蜈蚣節、微微短脚身邊列。文曲梭中帶線行、曲曲飛梭草藏跡。廉下變爲梳齒形、梭齒中央引龍出。武曲幞頭如改換、行到平中斷復斷。破軍之下夾兩槍、若作天戈如走電。亂行失序出頭來、又似虎狼行帶箭。纏多便作吉龍斷、若是無纏爲道院。

【師青曰】：眞龍眞輔、則形象如幞頭、橫脚高低去。若是輔星作龍隱行、如池中石之無跡也、則眞形不識矣。龍如兼三吉、則隨龍變形、隨貪則變尖形、隨巨則變圓形、隨武則變方形、又與隱行不同矣。貪尖武方巨圓、三峯品立、此皆三台六府之所變也。以廉貞篇華蓋三峯品字立證之、則三峯應爲華蓋也。節節穿帳、隨身而轉、兩肩則分作兩輔龍、身轉帳隨、總以中峯爲正面、所謂帳中有綫穿心行者也。倘非三峯、則止名帳而已。惟三峯成華蓋、左者名輔、右者名弼、因夾輔而得名、有夾故名輔星也。大小尖圓君要辨者、武曲大而貪巨小、尖爲貪而圓爲巨也。高山發龍、下脈亦有輔星。輔在高山而無枝脚、安能行去、故左輔亦有兼祿存而生瓣者、第八祿存有兜鍪肩領之形、可爲互證也。然而肩瓣必須分明、如戴兜鍪有肩領、確似幞頭、方爲左輔、否則仍爲有瓣無肩之祿存也。似輥毬、輥音袞、轉之速曰輥。生瓣之中、又有覆釜輔星、形如蹴鞠之圓。平地龍行亦有左輔、又與高山左輔不同、卽右弼體也、破軍篇所謂弼星破軍如鯉躍、行到平中時一卓。蓋鯉躍時隱時現、脊背偶露也。有脚橫排如覆笠者、下有兩脚平行曰橫排、覆笠係左輔之低處、卽是右弼星也。樓殿全是廉貞、高尖是樓平是殿、此處不應有。然左輔以廉貞嵯峨傘摺、其身上皆爲祿破。聚講之後、華蓋穿心、則雖有祿存、此中可以帶小貪小巨矣。故降樓下殿之後、始論輔星也。節節剝換、自樓殿以下、出帳穿心、輔星可得而見矣。此下以七星之順序爲法、剝出貪狼、貪狼之下、有左右兩脚如抛毬者、爲左輔也、球卽是幞頭、左輔不論中脈爲貪爲破、皆抛此毬。尖是貪狼、龜者所抛之球。合之一尖一圓、腰卽伸舒長幞如杖鼓矣。左輔有下嶺上嶺之分、後大前小、後高前低、後爲尖貪、前爲浮龜、此爲下嶺左輔。由低而高、自下而上、如在逆水推覆舟、鯉鯽露背、此爲上嶺左輔也。尖圓皆是品字立者、中脈尖爲貪狼品字。貪狼品字立而兩脚抛毬。中脈圓頂、卽爲巨門。巨亦品字三峯、兩旁帶脚、如龜浮也。一是貪狼華蓋、一是巨門華蓋、皆品字三峯也。華蓋三峯品字立、具見於本經廉貞篇、不以此品字者爲三台、世多以華蓋爲品字三台、橫列三台之玄三節者、名走馬三台。但本經自有三台之形、故破軍篇云：六星兩兩魚眼挨、如此謂之三台、蓋上法三台星之上台中台下台、共六星也。以三星爲三台、則誤矣。那世人立法如此。本經雖以爲貴星、但稱品字三峯之華蓋而已、不可不辨也。輔星旣隨七星而剝換、則不獨三吉帶左輔、卽四凶亦帶左輔、故第八祿存之兜鍪、卽嵄頭之兼頓鼓者也。左輔卽兼祿存、而橈棹不長、只如巨門篇所稱、平地勢如蜈蚣行者而已。蓋祿存一有左輔、則是帶祿、無復橫磨之劍、蚩尤之旗。只是平行穿珠、故名曰蜈蚣節也。短脚之邊、列覆釜之輔、如梳如月、卽巨門篇所謂三三兩兩牽聯行者也。此則祿存左輔矣。文曲篇曰：若有星峯輔弼同。此言梭、則文曲之成星者。此言綫、則文曲與右弼合體也。草藏跡者、草中之蛇也、爲文曲右弼。玉髓經所謂金蛇過水及蘆花邊之屬、皆文曲合輔弼貴脈也。若廉貞與左輔、最不相近、但傘摺裂絲之中、成橫生幛、形如梳齒、卽枕梭出焉。中央引龍出、成立吉星、則帳中穿心、貴列公卿矣。斷復斷者、正剝龍失脈失跡時、是武曲扶右弼行也。兩槍者、破軍之戈矛刀劍也。夾者、護送也。弼星破軍、脫卻纏護、爲水口流星、故曰天戈。走旗拖尾而出、故其形似走電也。龍行失序而復出頭、則左輔挾破軍、爲居水口、故不能順七星、而失其序也。虎狼皆破軍也、或有橫山如臥虎、虎與狼皆破軍也。前頭高卓、尾後低垂、故似虎狼之帶箭也。左輔吉龍、必多纏護。若無纏護之龍、形孤勢露、只可作神祠道院。又況無纏之龍、皆爲破祿、不爲鬼穴、當作羅星、二者必居一焉。

右弼篇第九

弼星本來無正形、形隨八曜高低生。要識弼星正形處、八星斷處隱藏行。隱藏是形名隱曜、此是弼星最要妙。拋梭馬跡線如絲、蜘蛛過水上灘魚。驚蛇入草失行跡、斷脈斷跡尋來無。每每隨星作過脈、脈是尊星名右弼。左爲輔星右弼星、左右隨龍身上行。行龍之時有輔弼、變換隨龍看蹤跡。君如識得右弼星、每到垣中多失跡。剝龍失脈失跡時、地上朱絃琴背覓。若識弼星隱曜宮、處處觀來皆是吉。此星多吉少旁凶、蓋爲藏形本無實。

【師青曰】：此星名隱曜、本無正形。北斗七星之外、輔星尚可以於第六星傍見之。右弼則並無此星也。左輔篇云：只緣飛宮有九曜、因此强名右弼星。八曜者、是貪巨祿文廉武破輔也。高低者、過脈處也。要識其正形、則於八星斷處、跡其行藏、而以穿田平地之龍責之。要妙與幼眇音義同、顏師古曰：幼眇、精微也。右弼行藏、既然或隱或見、必以其所肖者而形容之、故曰、抛梭馬跡線如絲。破軍篇云：欲斷不斷馬跡過、東西隱見梭中絲。蓋貪狼破軍之星、得此成吉破也。蜘蛛過水上灘魚、破軍篇云：頂頭有帶下巖去、引到平處如蛛絲、是以絲爲右弼也 。雖過水亦有絲、無絲則祿存帶殺耳 。破軍篇又曰：弼星破軍如鯉躍、行到平中時一卓。蓋水在平處、以狀平地、此云上灘者、以魚逢灘流必驚躍、以狀右弼圓起之形也。驚蛇入草失行跡、左輔篇云：文曲梭中帶線行、曲曲飛梭草藏跡。帶線則驚蛇之形、此挾文曲蛇行者也。草中之蛇、見者可睹、隱者失跡、此爲右弼也。斷脈斷跡尋來無、與上句文義相連、失跡則無可尋、而隱隱仍可見、尋之若無、而仍有可尋也。當其隨他星過脈、脈是尊星、經例以三吉五吉爲尊星、破軍篇云：尊星雖云有三吉、三吉之餘有輔弼、是輔弼雖隱、然無不吉者、則不殊於三吉矣。輔弼同在第六星傍、一左一右、故輔弼在山川者、往往相出入、而以輔弼同稱也。左右隨龍、形如幞頭者爲輔、形而覆笠者爲弼。若隱隱微微在平地、則爲挾左輔之弼星矣。左輔篇云：隨龍變形又不同、謂三峯之中、兩傍夾龍者爲輔。此篇以左爲輔右爲弼、則輔弼合稱、在品字三峯之中、以夾輔而得名。其中平行、覆笠飛梭藏跡、則又弼多於輔矣。右弼入垣、三三兩兩牽聯行、每多失跡。一經剝換、如琴背之有朱弦、絲絲不斷而可覓也。觀夫破軍帶破、祿存帶祿、皆以隱曜爲退卸。本經於右弼、無云不吉者、以其能脫盡罡殺也。此星有吉脈之可尋、無凶形之可指也。

藏形之時神殺藏、卻是地中暗來脈。此地平陽千百程、不然彼處卻是弼。坪中還有水流坡、高水一寸卽是阿。只爲時師眼力淺、到彼茫然無奈何。便云無處尋蹤跡、直到有山方認得。如此之人豈可言、有穴在坪原自失。只來山上覓龍虎、又要圓頭始云吉。不知山窮落平去、穴在坪中貴無敵。癡師誤了幾多人、又道葬埋畏卑濕。不知穴在水中者、如此難憑怕泉隰。蓋緣水漲在中央、水退卽同乾地力。且如兩淮平似掌、也有州軍落巢瀝。也有英雄在彼中、豈無墳墓與宮室。只將水注與水流。兩水夾流是龍脊。

【師青曰】：此論右弼之結作多藏形、形藏則四沒神機、無復凶怪之氣、廉貞破祿之餘、至此盡藏不見。然而藕斷絲連、脈來地中、似斷而不斷、雖平陽千百里程、不得謂無九星。彼處卽指右弼處也。阿、說文、訓大陵、毛詩傳曰：曲陵曰阿。水高一寸是阿、脈仍可尋、豈得茫然無所覩耶。即如西北之地、多在平地、自古英雄出西北、西北龍神少人識、破軍篇已言之矣。經立右弼一法者、正慮人不識平地龍、而自失之也。時師只向山上覓龍虎圓頭、始稱吉地。而不知穴在坪中、退卸愈多愈有力、而貴爲無敵焉。或又謂葬埋畏卑濕、於是以在水中難憑、而以泉隰可怕、悞矣。泉者、泉源。隰者、下濕也。須知水漲在中央、水退即與高地同看。蓋水流者稱活水、水注者爲呆水、不可錯認。高氏謂水注處、乃死氣窪下之地、水夾流者爲龍、是也。葉氏謂水流處是龍行、水注聚交鎖處是龍止、而不知論平陽之龍者、大有不同也。兩淮皆屬禹貢揚州之域、淮南是淮水以南之地、唐十道之一、西抵漢、南據江、北距淮、領揚、楚、濠、壽、滁、和、廬、舒、蘄、黃、沔、安、申、光、等州、今湖北大江以北、漢水以東、及江蘇、安徽、江以北淮以南之地也。淮水以西之地、在今廬州合肥縣東南、巢湖在府東五十里、亦曰漅湖、周四百餘里、占合肥、舒城、廬江、巢、四縣之境。汊港大小三百六十、納諸水而注之江、爲淮西巨浸。巨浸舊作歷湖、淮南子所稱：一夕爲湖者、此也。兩淮雖平如掌、與西北之平陽、墳墓宮室何殊、而代產英雄、亦猶是也。但看水注者、平地兩旁尋水勢、水流者、兩水夾行勢不絕。則龍脊即在夾中矣。

非惟弼曜在其中、八曜入坪皆有蹤。前篇有時說平處、平裏貪狼皆一同。時師識盡眞龍脈、方知富貴與豐隆。

【師青曰】：此段言八曜入坪皆有蹤跡、舉貪狼以爲例。貪狼以下八星、凡落平者皆兼右弼也。前篇有時所說者、如貪狼篇云：或從高峯落平陽。祿存篇云：祿存好處落平漫。又云、他星亦有落平者。文曲篇云：平地蛾眉最爲吉。武曲篇云：正龍多是平地落。破軍篇云：平處尋龍最是難。左輔篇云：輔弼隱曜入大梁。蓋八曜落平、識其眞脈、則富貴興隆、如指諸掌焉。

九星變穴篇第十

貪狼作穴是乳頭、巨門作穴窠中求。武曲作穴釵鉗覓、祿廉梳齒犂鏵頭。文曲穴來坪裏作、高處亦是掌心落。破軍作穴似戈矛、兩旁左右手皆收。定有兩山來護衛、不然一水過橫流。輔星正穴燕巢仰、若在高山掛燈樣。落在低平是鷄巢、縱有圓頭亦凹象。此是剝換尋星穴、尋穴隨龍細辨別。龍若眞時穴亦眞、龍不眞兮少眞穴。尋龍雖易裁穴難、只爲時人昧剝山。剝龍換骨星變易、識得疑龍穴不難。古人望龍知正穴、蓋識將龍尋換節。識得龍家換骨星、富貴令人無歇滅。

【師青曰】：本經已分論九星。此篇綜合九星、論其變穴、俾學者知隨龍辨穴。然星雖有九、穴法只有七、曰乳頭、曰窠、曰釵鉗、曰梭齒、曰犂鏵、曰坪、曰戈矛。近世所謂窩鉗乳突四象、另一家言、非楊公法也。讀楊公書者、當用楊公之法、不可牽扯雜沓、而數典忘祖也。其法維何、貪狼作穴、則爲乳頭。高山如帳後面遮、帳裏微微似帶斜、帶之止處、是爲乳頭。巨門作穴則爲窠。巨門星峯覆鐘釜、窠者鐘釜之門處也。武曲作穴、則爲釵鉗。釵鉗者、鉗穴而成釵形也。疑龍經云：鉗穴如釵掛壁隈、掛壁則穴高、但武曲篇云：此龍住處無高隴、間生窠穴隱深潭、由是言之、則武曲亦有結於低下而成窠穴者、亦如巨門於窠中求穴也。而疑龍經云：請君更將舊墳覆、貪星是乳巨鉗局、則巨武皆可窠可鉗、以此互參、可以知變通焉。祿廉作穴、則爲梳齒爲犁鏵頭。梳齒是祿存瓜瓠之脚、瓜瓠中有小峯、或貪或巨、仍以貪巨取窠乳爲穴。不云窠乳者、欲人於梳齒中求貪巨也。廉貞篇云：傘摺犁頭裂絲破、知廉貞每每尖出成犁嘴形也。疑龍篇云：太原落處尖似鎗、蓋緣廉破龍最長、足見廉貞與破軍之戈矛相類、尖鎗同於戈矛、亦與犁頭無異。究其骨氣、廉貪二星、皆銳且尖、故成尖出之穴。然則犁鏵戈矛、以穴情之牝牡論之、亦乳頭之所傳變。但令人在穴中、能見尖嘴化圓、則爲佳穴矣。文曲作穴則在坪、是淺窠穴也。文曲篇云：若有星峯輔弼同、是文曲之穴與燕巢無異。又云：平地蛾眉最爲吉、蛾眉之下作穴、亦窠形之淺者也。若在高處作穴、則在掌心、則仍巢穴也。巢穴上有蛾眉、必在掌心矣。破軍作穴、形如戈矛、破軍篇曰：帳裏戈旗出生旺、則戈矛乃破軍正形。蓋貪狼之變、必爲破軍、貪破相似、故其作穴亦從乳穴變出、乳穴有餘氣、則成戈矛形也。兩旁左右手皆收者、謂貪狼多從腰裏落、破軍既近貪狼、則亦餘枝廻轉而作城郭也。定有兩山來護衛者、蓋穴無護衛者、經例謂之破軍不破、則帶破者、必有衞護也。若前遇溪流橫過、是爲甲仗。凡穴界水則止、若非止於界水、不成穴也、况破軍乎。輔星正穴、如燕巢之仰、其故何也、巨門篇云：貪巨若無輔弼穴、高嶺如何住得龍、足見輔星之不高矣。矮山葬巔、亦自然之理。葬書云：形如燕巢、法葬其凹、此爲凹穴也。若在高山、則形如掛燈、左輔篇云：後大前小駝峯㑋、則左輔之高山如駝、其結穴偶作馬鞍形、馬鞍即掛燈矣、亦爲凹穴也。若落在低坪、則爲鷄巢、鷄巢比燕巢爲低。左輔篇云：平行鯉鯽露背脊、有脚橫排如覆笠。覆笠較幞頭爲匾、則鷄巢亦即燕巢之低者、仍是凹穴也。故縱有圓頭、亦從凹象、是左輔兼體、如第八祿存所云：漸低漸小去作穴、定作窠鉗極端正、則輔星縱有異形、不出窠鉗、故皆爲凹象也。大凡欲識何星行龍、必於剝換處認之、認明何星、則穴可知、經言剝換尋穴星、蓋剝換雖有變易、而穴星既成、則以星定之、疑龍篇謂以流星定穴、蓋以所流之星爲主、乃剝換至此而成也。此則尋穴者、要隨龍細辨矣。我觀星辰在龍上、豫定前頭穴形象、是因龍定穴也。星辰者謂作穴之星辰也。所謂星辰、若只計龍上星辰、仍不能定穴。故見穴星之背、便知穴之窠乳、非於龍上見貪狼祖星、可以知百里外之必爲窠乳也。隨龍細辨別者、謂隨作穴之星峯、辨其爲窠爲乳也。至於穴之形體、雖各象有巧拙。而此經之旨、不出兩端。據巨門篇云：穴隨主星作鉗乳、是作穴以主星爲主。假如主星爲貪廉破、皆乳也。主星爲巨武輔文、皆窠也。主星爲祿存、則以小貪取乳、小巨取窠也。疑龍經云：豈肯妄爲鉗乳穴、不言窠者、鉗與窠一類、皆牝穴也。本經亦每以鉗乳通稱、職是故也。要知穴法之妙、只是凹者取凸、凸者取凹。所以鉗乳二名、可以包括貫串本經之旨也。龍眞穴眞、龍不眞、則穴少眞、龍眞者、剝換而骨氣不亂、若不根嫡氣、而脉從旁出、雖有鉗乳、而穴花矣。是故尋龍易於裁穴。時人昧於剝換之理、無怪其尋龍定穴之難也。剝龍換骨星變易者、星有變易、骨無變易、尋穴尋嫡、則骨氣存焉。剝換雖多、而歷歷在目也。識得疑龍穴不難者、疑龍以尋幹爲主、識疑龍之法、則幹不難辨、而穴自得矣。古人望龍知穴、識其龍之頓伏、知其節之有換、而幹自在也。換骨星、卽九星之變穴也、能識龍之根荄、則識換骨星矣。苟能是、則令人富貴無歇滅矣。

案楊公憾龍經、以古本較之、至九星變穴第十而止。余註經亦止於此。自九星變穴以下、皆後人僞作、不足觀也矣。高公亦謂楊公之書止此、以下爲明以後庸師僞託增入、其詞陋劣、其理雜駁、所謂狗尾續貂、有識者自能辨之。葉九升以爲楊公眞書、刻以行世、貽誤後人、可謂無識、信然。余爲茲懼、附記於此、無門戶之見焉。

一九六四年七月出版

撼龍經眞義

註作者：吳師青
出版者：中天貿易公司
承印者：東南印務社

32	命學探驪集	【民國】張巢雲	發前人所未發　稀見民初子平命理著作
33	澹園命談	【民國】高澹園	
34	算命一讀通——鴻福齊天	【民國】不空居士、覺先居士合纂	
35	子平玄理	【民國】施惕君	
36	星命風水秘傳百日通	心一堂編	
37	命理大四字金前定	題【晉】鬼谷子王詡	源自元代算命術
38	命理斷語義理源深	心一堂編	稀見清代批命斷語及活套
39－40	文武星案	【明】陸位	失傳四百年《張果星宗》姊妹篇　千多星盤命例　研究命學必備
相術類			
41	新相人學講義	【民國】楊叔和	失傳民初白話文相術書
42	手相學淺說	【民國】黃龍	民初中西結合手相學經典
43	大清相法	心一堂編	重現失傳經典相書
44	相法易知	心一堂編	
45	相法秘傳百日通	心一堂編	
堪輿類			
46	靈城精義箋	【清】沈竹礽	沈氏玄空遺珍　玄空風水必讀
47	地理辨正抉要	【清】沈竹礽	
48	《玄空古義四種通釋》《地理疑義答問》合刊	沈瓞民	
49	《沈氏玄空吹虀室雜存》《玄空捷訣》合刊	【民國】申聽禪	
50	漢鏡齋堪輿小識	【民國】查國珍、沈瓞民	
51	堪輿一覽	【清】孫竹田	失傳已久的無常派玄空經典
52	章仲山挨星秘訣（修定版）	【清】章仲山	章仲山無常派玄空珍秘　門內秘本首次公開　沈竹礽等大師尋覓一生未得之珍本！
53	臨穴指南	【清】章仲山	
54	章仲山宅案附無常派玄空秘要	心一堂編	
55	地理辨正補	【清】朱小鶴	玄空六派蘇州派代表作
56	陽宅覺元氏新書	【清】元祝垚	簡易・有效・神驗之玄空陽宅法
57	地學鐵骨秘　附　吳師青藏命理大易數	【民國】吳師青	釋玄空廣東派地學之秘
58－61	四秘全書十二種（清刻原本）	【清】尹一勺	玄空湘楚派經典本來面目　有別於錯誤極多的坊本

編號	書名	作者	說明
62	地理辨正補註 附 元空秘旨 天元五歌 玄空精髓 心法秘訣等數種合刊	【民國】胡仲言	貫通易理、巒頭、三元、三合、天星、中醫
63	地理辨正自解	【清】李思白	公開玄空家「分率尺、工部尺、量天尺」之秘
64	許氏地理辨正釋義	【民國】許錦灝	民國易學名家黃元炳力薦
65	地理辨正天玉經內傳要訣圖解	【清】程懷榮	秘訣一語道破，圖文并茂
66	謝氏地理書	【民國】謝復	玄空體用兼備、深入淺出
67	論山水元運易理斷驗、三元氣運說附紫白訣等五種合刊	【宋】吳景鸞等	失傳古本《玄空秘旨》《紫白訣》
68	星卦奧義圖訣	【清】施安仁	三元玄空門內秘笈 清鈔孤本 過去均為必須守秘不能公開秘密 與今天流行飛星法不同
69	三元地學秘傳	【清】何文源	
70	三元玄空挨星四十八局圖說	心一堂編	
71	三元挨星秘訣仙傳	心一堂編	
72	三元地理正傳	心一堂編	
73	三元天心正運	心一堂編	
74	元空紫白陽宅秘旨	心一堂編	
75	玄空挨星秘圖 附 堪輿指迷	心一堂編	
76	姚氏地理辨正圖說 附 地理九星并挨星真訣全圖 秘傳河圖精義等數種合刊	【清】姚文田等	蓮池心法 玄空六法 門內秘鈔本首次公開
77	元空法鑑批點本——附 法鑑口授訣要、秘傳玄空三鑑奧義匯鈔 合刊	【清】曾懷玉等	
78	元空法鑑心法	【清】曾懷玉等	
79	曾懷玉增批蔣徒傳天玉經補註【新修訂版原（彩）色本】	【清】項木林、曾懷玉	
80	地理學新義	【民國】俞仁宇撰	揭開連城派風水之秘
81	地理辨正揭隱（足本） 附連城派秘鈔口訣	【民國】王邈達	
82	趙連城傳地理秘訣附雪庵和尚字字金	【明】趙連城	
83	趙連城秘傳楊公地理真訣	【明】趙連城	
84	地理法門全書	仗溪子、芝罘子	巒頭風水，內容簡核、深入淺出
85	地理方外別傳	【清】熙齋上人	巒頭形勢、「望氣」「鑑神」
86	地理輯要	【清】余鵬	集地理經典之精要
87	地理秘珍	【清】錫九氏	巒頭、三合天星，圖文並茂
88	《羅經舉要》附《附三合天機秘訣》	【清】賈長吉	清鈔孤本羅經、三合訣法圖解
89-90	嚴陵張九儀增釋地理琢玉斧巒	【清】張九儀	清初三合風水名家張九儀經典清刻原本！

91	地學形勢摘要	心一堂編	形家秘鈔珍本
92	《平洋地理入門》《巒頭圖解》合刊	【清】盧崇台	平洋水法、形家秘本
93	《鑒水極玄經》《秘授水法》合刊	【唐】司馬頭陀、【清】鮑湘襟	千古之秘，不可妄傳匪人
94	平洋地理闡秘	心一堂編	雲間三元平洋形法秘鈔珍本
95	地經圖說	【清】余九皋	形勢理氣、精繪圖文
96	司馬頭陀地鉗	【唐】司馬頭陀	流傳極稀《地鉗》
97	欽天監地理醒世切要辨論	【清】欽天監	公開清代皇室御用風水真本
三式類			
98－99	大六壬尋源二種	【清】張純照	六壬入門、占課指南
100	六壬教科六壬鑰	【民國】蔣問天	由淺入深，首尾悉備
101	壬課總訣	心一堂編	過去術家不外傳的珍稀六壬術秘鈔本
102	六壬秘斷	心一堂編	
103	大六壬類闡	心一堂編	
104	六壬秘笈——韋千里占卜講義	【民國】韋千里	六壬入門必備
105	壬學述古	【民國】曹仁麟	依法占之，「無不神驗」
106	奇門揭要	心一堂編	集「法奇門」、「術奇門」精要
107	奇門行軍要略	【清】劉文瀾	條理清晰、簡明易用
108	奇門大宗直旨	劉毗	天下孤本　首次公開 虛白盧藏本《秘藏遁甲天機》
109	奇門三奇干支神應	馮繼明	
110	奇門仙機	題【漢】張子房	奇門不傳之秘　應驗如神
111	奇門心法秘纂	題【漢】韓信（淮陰侯）	
112	奇門廬中闡秘	題【三國】諸葛武侯註	
選擇類			
113－114	儀度六壬選日要訣	【清】張九儀	清初三合風水名家張九儀擇日秘傳
115	天元選擇辨正	【清】一園主人	釋蔣大鴻天元選擇法
其他類			
116	述卜筮星相學	【民國】袁樹珊	民初二大命理家南袁北韋 南袁之術數經典
117－120	中國歷代卜人傳	【民國】袁樹珊	